강아지랑
마음이 통하는 대화법

강아지랑 마음이 통하는 대화법

신현경 글 **토마스** 그림
초판 1쇄 발행일 2024년 3월 15일 **초판 2쇄 발행일** 2024년 6월 15일
펴낸이 박봉서 **펴낸곳** (주)크레용하우스 **출판등록** 제1998-000024호
편집 이민정·최은지 **디자인** 이혜인 **마케팅** 한승훈·신빛나라 **제작** 김금순
주소 서울 광진구 천호대로 709-9 **전화** (02)3436-1711 **팩스** (02)3436-1410
인스타그램 @crayonhouse.book **이메일** crayon@crayonhouse.co.kr

© 2024 신현경, 토마스
이 책에 실린 글과 그림은 무단 전재 및 무단 복제할 수 없습니다.

ISBN 979-11-7121-049-7 74490

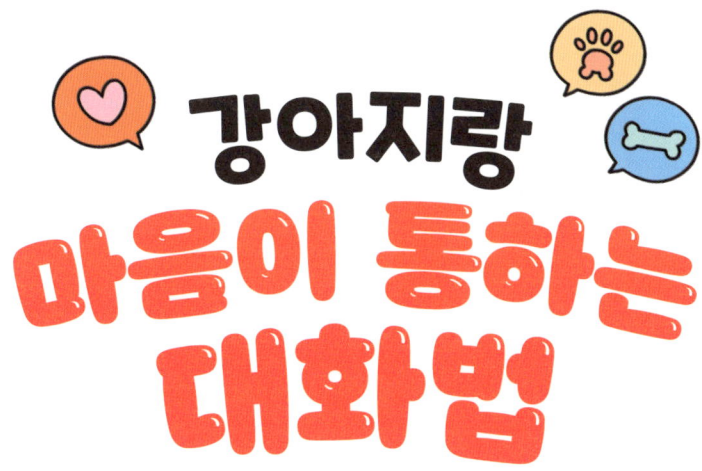

강아지랑 마음이 통하는 대화법

신현경 글 토마스 그림

크레용하우스

 **작가의 말**

저는 개 두 마리와 함께 살아요. 동갑내기 산타와 봉봉이에요.

봉봉은 우리 집을 좋아하고, 산타는 남의 집을 좋아해요. 봉봉은 아무도 없는 산책길을, 산타는 사람이 많은 산책길을 좋아하지요. 봉봉은 제 옆에서 자는 걸 좋아하고, 산타는 혼자 자는 걸 좋아하고요. 봉봉은 어린이를 무서워하고, 산타는 여자아이들을 좋아해요.

또, 또, 또……. 그만 말해야겠어요. 산타와 봉봉이 서로 얼마나 다른지 말하기 시작하면 끝도 없을 테니까요. 그만큼 개들도 사람처럼 각기 다른 성격을 가지고 있답니다. 하지만 처음 산타와 봉봉을 입양했을 때는 그런 사실을 전혀 몰랐어요. 아무런 준비 없이 덜컥 입양부터 했거든요. 제가 산타와 봉봉을 선택한 것이 아니라 산타와 봉봉이 저를 선택했기 때문이에요. 제가 아니면 안 된다는 신호를 보냈고(저만의 착각인지도 모르지만), 우리가 가족이 될 운명이라는 우연도 일어났어요(저만의 상상인지도 모르지만).

한동안 저는 강아지 교육과 관련된 텔레비전 프로그램을 100편 이상 찾아보고, 달달 외우고, 닥치는 대로 따라 했어요. 산타와 봉봉을 잘 키우고 싶었으니까요. 하지만 강아지를 처음 키우다 보니, 이런저런 시행착오를 겪을 수밖에 없었지요.

시행착오를 겪은 가장 큰 이유는 개마다 성격이 다르다는 사실을 몰랐기 때문이에요. 견종에 따라 활발하다, 얌전하다처럼 단순하게 분류해 놓은 정보밖에 보지 못했으니까요. 우리도 형제자매라고 해서, 성씨나 혈액형이 같다고 해서, 성격이 같지 않잖아요? 개도 마찬가지예요. 같은 견종이라도, 형제자매라도, 성격이 전혀 다르지요.

산타와 봉봉의 특성에 맞게 가르치고 돌봐야 했는데, 둘을 똑같은 방법으로 교육한 것이 실수라면 실수였던 거예요. 하지만 한 가지는 자신할 수 있어요. 제가 산타와 봉봉을 몹시 사랑한다는 것이에요. 지금보다 더 행복하게 해 주고 싶고요.

이 책은 저와 같은 마음을 가진 어린이들을 위해 썼어요. 사랑하는 만큼 잘해 주고 싶고 잘 지내고 싶은데 그 방법을 모르는 어린이들에게 제가 알게 된 것들이 조금이라도 도움이 되면 좋겠다는 바람으로요.

강아지랑 마음이 통하기 위한 첫 번째 단계는 '관찰'이에요. 함께 사는 강아지를 찬찬히, 꾸준히, 살펴보세요. 그러면 강아지의 마음이 조금 보일 거예요. 더불어 이 책도 함께 '관찰(?)'해 주세요.^^

산타, 봉봉과 날마다 산책하는
신현경

등장인물

도현
강아지를 처음 키우는 9살 남자 어린이

또리
유기견 보호소에서 입양한 생후 6개월 강아지

엄마
다정하지만 원칙을 중시하는 엄마

아빠
허허허 늘 웃는 자상한 아빠

차 례

1. 강아지가 처음 집에 온 날: 내가 마음에 안 들어?   10
   처음 데려온 날에는 이렇게 해요   15

2. 강아지가 토할 때: 배탈 났니? 병원 갈까?   18
   구토할 때는 이렇게 해요   22

3. 뭐든 물어뜯는 강아지: 사람도 물면 어쩌지?   25
   물어뜯을 때는 이렇게 해요   29

4. 강아지가 밥을 안 먹을 때: 밥투정하는 거야?   32
   밥을 안 먹는다면 이렇게 해요   36

5. 내 말은 듣지 않는 강아지: 무시하는 거야?   39
   잘 따르게 하려면 이렇게 해요   43

6. 초인종 소리에 짖는 강아지: 갑자기 왜 그래?   45
   초인종 소리에 짖으면 이렇게 해요   50

7. 간식 숨기는 강아지: 뺏어 먹을까 봐 숨기니?   53
   간식을 숨기면 이렇게 해요   57

8. 잠꼬대하는 강아지: 강아지도 꿈을 꿀까?   59
   잠버릇 문제는 이렇게 해요   63

9. 혼자 못 있는 강아지: 분리 불안 어떻게 고치지?   67
   분리 불안이 있다면 이렇게 해요   73

10. 처음 산책하는 날: 산책 가기 싫어?   77
    산책을 준비한다면 이렇게 해요   81

11. 나가면 흥분하는 강아지: 산책하기 힘들어!   84
    끌려다닌다면 이렇게 해요   88

12. 발 닦기 싫어하는 강아지: **왜 으르렁거려?**   **92**
    첫 목욕은 이렇게 해요   **97**

13. 다른 개를 피하는 강아지: **친구 사귀기 싫어?**   **101**
    다른 개에게 짖는다면 이렇게 해요   **108**

14. 곳곳에 오줌 싸는 강아지: **왜 거기에 싸니!**   **112**
    배변 실수를 한다면 이렇게 해요   **118**

15. 강아지가 아프다는 신호: **왜 구석에 숨어 있어?**   **121**
    아픈지 알고 싶다면 이렇게 해요   **126**

16. 버려진 개: **어떻게 가족을 버릴 수 있나요?**   **129**
    반려동물 등록은 이렇게 해요   **134**

1. 강아지가 처음 집에 온 날: 내가 마음에 안 들어?

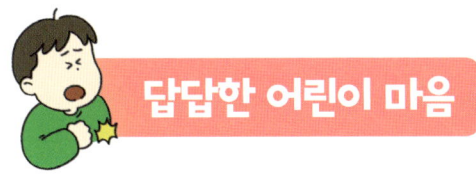

답답한 어린이 마음

엄마 아빠와 강아지를 입양하려고 유기견 보호소에 갔다가 또리를 만났어요. 또리는 나를 보자마자 쫄랑쫄랑 나만 쫓아다녔어요. 나를 좋아하는 것 같았어요. 나도 그런 또리가 너무 귀여웠어요. 그래서 또리와 가족이 되기로 결심했지요.

또리 이름도 내가 지었고, 또리가 쓸 물건도 전부 내가 골랐어요. 방석, 산책 줄, 밥그릇, 물그릇, 장난감, 간식, 사료……. 모든 걸 준비하고서 또리가 올 날만 손꼽아 기다렸지요.

그런데 또리 마음이 변했나 봐요. 그사이 다른 사람을 더 좋아하게 된 걸까요? 또리가 우리 집에 오자마자 내 발에 오줌을 쌌거든요.

그때 또리는 마치 이렇게 말하는 것 같았어요.

또리를 동생처럼 아껴 주고 싶었는데 솔직히 또리한테 섭섭해요. 또리가 계속 나를 싫어할까 봐 걱정도 되고요. 또리랑 잘 지내려면 어떻게 해야 할까요?

알면 보이는 개의 마음

　강아지를 키우기로 하고 강아지가 집에 오기를 기다리는 동안 얼마나 설렜을까요? 귀엽고 앙증맞은 강아지를 하루빨리 만나고 싶어 잠도 오지 않았을 거예요.

　쓰다듬고, 안아 주고, 놀아 주고, 간식도 챙겨 주고, 잠도 같이 자고……. 강아지와 함께 하고 싶은 일들을 머릿속에 그리며 미소를 지었을 거예요.

　그러니 마침내 강아지가 집에 왔을 때 얼마나 반갑고 신났을까요? 온 식구가 강아지를 둘러싸고 귀엽다고 소리치며 마구 쓰다듬고 서로 안아 보려고 했겠지요. 시끌벅적한 강아지 환영식이 펼쳐졌을 거예요.

　그런데 그 순간 강아지의 기분은 어땠을까요? 난생처음 와 보는 집에서 낯선 사람들에게 둘러싸여, 알아듣지도 못하는 시끄러운 말을 듣는 기분이 말이에요.

　아마도 무섭고 긴장되고 불편하지 않았을까요? 그 와중에 사람들이 자기를 마구 만지고 안아 들기까지 하면 더욱 불안할 수밖에 없지요.

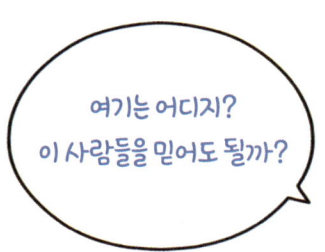

낯선 집에 처음 온 강아지는 불안한 마음과 설레는 마음을 둘 다 가지고 있어요. 그래서 이런 생각도 하지요.

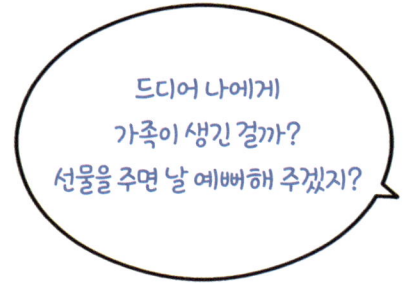

어떤 강아지들은 오줌을 선물이라고 생각해요. 그래서 또리가 오줌을 쌌을지도 몰라요. 가족이 마음에 안 들어서가 아니라 가족 마음에 들고 싶어서 오줌을 싼 것이지요.

또한 강아지는 긴장되고 불안할 때 오줌을 싸서 마음을 가라앉히기도 한답니다. 그러니까 또리는 자기 나름대로 가족이 되기 위해 최선을 다한 거예요.

이제 또리한테 섭섭한 마음이 사라졌나요? 앞으로 또리에게 다정한 가족, 믿음직한 보호자가 될 준비가 됐나요?

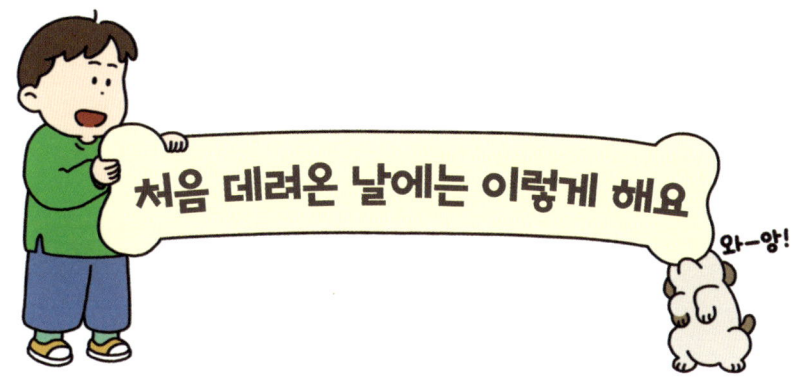

🐾 강아지를 안심시키는 게 먼저!

　강아지를 처음 집에 데려왔을 때는 강아지를 예뻐해 주기보다 안심시켜 주는 게 먼저예요. 아무리 귀엽더라도 "귀여워!" 하고 크게 소리치지 않도록 조심하고 처음부터 안거나 쓰다듬지 않는 게 좋아요.

　강아지를 바닥에 내려놓고 그 옆에 가만히 앉아 보세요. 강아지를 정면으로 보지 말고 옆으로 앉는 게 더 좋아요. 그러고서 다정하게 이름을 부르며 손바닥을 강아지 쪽으로 내밀어요.

　그리고 강아지가 먼저 다가와 손바닥 냄새를 맡을 때까지 기다려요. 강아지가 손바닥 냄새를 맡으면 그때 천천히 쓰다듬어 주면 돼요. 이렇게 하면 강아지 마음이 편안해진답니다.

　강아지 마음이 편안해졌는지 알려면 꼬리를 보면 돼요. 긴장한 강아지의 꼬리는 아래쪽으로 말려 있어요. 그러다가 긴장이 풀리면 꼬리가 점점 위로 올라가지요.

🐾 집 구경을 시켜 주세요

　집에 처음 온 강아지는 킁킁 냄새를 맡으며 집 안을 요리조리 돌아다닐 거예요. 이 집이 안전한 장소인지 탐색하는 것이지요. 이때 "거긴 안 돼!" "조심해!" "이리 와!" 하면서 강아지를 쫓아다니지 마세요. 그러면 강아지가 다시 불안해할지 몰라요. 여기저기에 오줌을 쌀지도 모르고요. 그러면 어떻게 해야 할까요?

　강아지가 집에 오기 전에 강아지에게 위험한 물건은 미리 치워 두고, 강아지가 오면 천천히 집 구경을 시켜 주세요. "여기는 안방이고, 여기는 부엌이야." 이렇게 말하면서 구석구석 실컷 냄새를 맡게 해 주세요. 강아지에게는 가족 소개보다 집 구경이 먼저랍니다. 안전한 곳이라는 걸 확인해야 그 집에 사는 사람들에게도 마음을 열 수 있지요.

　집 구경을 시켜 주면서 가는 곳마다 바닥에 간식을 하나씩 떨어뜨려 줘도 좋아요. 그러면 집을 더 마음에 들어 할 거예요.

🐾 자기 자리를 알려 주세요

　집 구경이 다 끝났다면 마지막으로 강아지에게 자기 자리를 알려 주세요. 강아지 자리로 정한 곳에 방석이나 켄넬을 두고 그곳에 간식을 뿌려 주면 돼요.

며칠 동안 반복해서 똑같이 해 주세요. 그러면 강아지는 그 자리를 가장 좋아하게 되고 그곳에서 머무는 시간도 점점 길어질 거예요. 그렇게 자기 자리를 알고 나면 그곳에서 휴식도 취하고 낮잠도 자지요.

배변 교육을 서두르지 마세요

강아지가 어리다면 배변 교육을 서두르지 마세요. 배변 교육은 새로 살게 된 집에 익숙해지고 가족들과 친해진 후에 시작하는 게 좋아요.

그냥 배변 패드를 집 안 곳곳에 깔아 두고, 배변 패드 위에 똥오줌을 누면 칭찬해 주세요. 그러다가 배변 패드를 점차 줄여 나가면 돼요. 가장 자주 싸는 곳에만 배변 패드를 남기고 하나씩 치우는 것이지요. 강아지에게 가장 좋은 배변 교육은 칭찬과 기다림이랍니다.

2. 강아지가 토할 때: 배탈 났니? 병원 갈까?

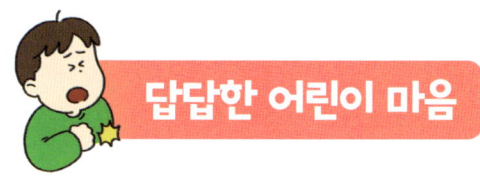 답답한 어린이 마음

또리는 밥을 아주 잘 먹어요. 엄청 빨리 먹고요. 눈 깜짝할 사이에 한 그릇을 싹 먹어 치우고는 더 달라고 똘망똘망한 눈으로 올려다보면서 꼬리를 살랑살랑 흔들어요. 그런 모습을 보면 밥을 더 줄 수밖에 없어요. 또리가 이렇게 말하는 것 같거든요.

맛있어. 더 먹고 싶어. 형이 주니까 더 맛있는 것 같아.

또리는 형제들 중에서 몸집이 가장 작았대요. 유기견 보호소에 있을 때 형제들한테 밀려서 엄마 젖도, 밥도 많이 못 먹었대요. 그래서 나는 또리를 실컷 먹게 해 주고 싶었어요.

그런데 내가 밥을 너무 많이 줘서 또리가 배탈이 났나 봐요. 밥 먹은 지 얼마 안 돼서 먹은 걸 몽땅 토하지 뭐예요. 그러고는 자기가 토한 걸 다시 먹는 게 아니겠어요? 더러운 걸 먹어서 어떡하죠? 배탈은 어떻게 낫게 하죠? 당장 병원에 데려가야 할까요?

알면 보이는 개의 마음

어린 강아지는 아직 자기가 얼마나 먹어야 할지 밥의 양을 잘 몰라요. 한참 클 때라서 먹어도, 먹어도, 또 먹고 싶어 하고요. 그러니까 또리는 이렇게 말한 것일 수 있어요.

> 배가 부른 건지
> 안 부른 건지 잘 모르겠어.
> 아무튼 더 먹고 싶어.
> 형이 계속 주면 나도 계속 먹을래.

강아지에게 맛있는 음식을 실컷 주고 싶은 마음, 너무나 이해해요. 강아지를 사랑해서 그런 거니까요. 하지만 해 주고 싶은 걸 참는 것도 사랑이에요. 강아지가 원하는 걸 다 해 주다가는 강아지 건강을 해칠 수도 있거든요.

물론 새끼 강아지는 많이 먹어야 해요. 그래야 무럭무럭 잘 자라지요. 그렇다고 한꺼번에 많이 먹으면 또리처럼 토하기 쉬워요.

다행히 또리가 토한 건 심각한 문제는 아닌 것 같아요. 조금 전에 먹은 사료를 그대로 토했다면 보통 과식이 원인이니까요. 이럴 때는 당장 병원에 가지 않아도 돼요. 보통 하루 정도 지나면 괜찮아지거든요. 자기가 토한 사료를 다시 먹은 것도 크게 걱정하지 않아도 돼요. 개들에게 종종 있는 일이니까요.

하지만 다음 날까지 계속 토하거나, 배고플 때가 됐는데도 밥을 먹지 않거나, 평소처럼 활발하게 움직이지 않는다면 병원에 데려가야 해요. 단순히 많이 먹어서가 아니라 다른 문제가 있을 수 있거든요.

앞으로는 또리에게 조금씩 여러 번에 나눠서 밥을 주는 게 어떨까요? 밥을 먹은 직후에는 심하게 놀아 주지 말고요. 사람도 밥 먹고 나서 바로 뛰면 배탈이 나죠? 강아지도 마찬가지랍니다.

그리고 또리가 밥을 너무 빨리 먹는다면 밥 먹는 모습을 옆에서 지켜보지 마세요. 다른 동물들처럼 강아지도 자기 밥을 지키려는 본능이 있어요. 그래서 누가 옆에 있으면 뺏기지 않으려고 더 빨리 밥을 먹지요. "안 뺏어 먹을게. 천천히 먹어." 같은 말은 통하지 않는답니다.

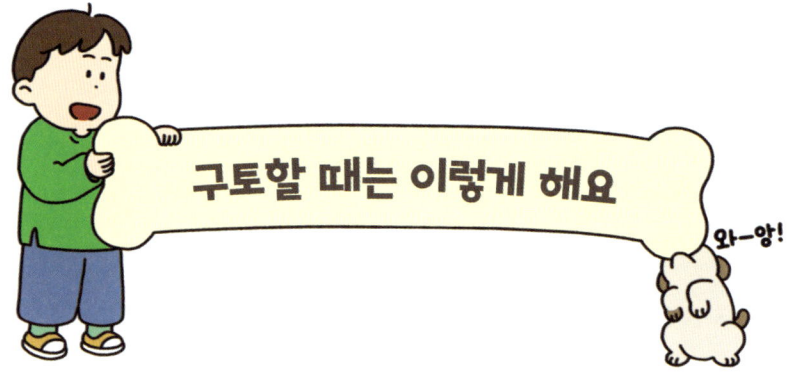

🐾 강아지 토사물을 확인해요

 강아지가 토하는 원인은 여러 가지예요. 토사물을 살펴보면 그 원인을 짐작할 수 있지요. 원인에 따라 곧장 병원에 데려갈지, 얼마간 집에서 지켜볼지 결정할 수 있고요.

 먼저 밥을 먹자마자 먹은 걸 그대로 토한 경우에는 과식이 원인일 수 있으니 하루 정도 집에서 지켜봐요. 한두 번 토하고 더 이상 토하지 않는다면 병원에 가지 않아도 돼요.

🐾 흰색 거품이 섞여 있다면

 토사물에 흰색 거품이 섞여 있다면 공기를 많이 삼킨 것이 원인일 수 있어요. 물을 급하게 마셨거나 밥을 빨리 먹느라 공기를 많이 들이마신 것이죠. 밥그릇이 너무 낮아서 고개를 숙이고 먹는 바람에 공기가 들어갔을 수도 있고요.

이물질을 삼킨 경우에도 흰색 거품을 토해요. 강아지는 자기 몸에 맞지 않는 이물질이 들어오면 곧바로 토해 낼 능력이 있어요. 사람보다 구토 능력이 훨씬 발달했지요.

흰색 거품을 토한 후에 평소처럼 지낸다면 병원에 가지 않아도 되지만 여러 번 반복해서 토하거나 강아지가 기운 없이 처져 있다면 병원에 데려가세요.

🐾 노란색 토사물이 나왔다면

강아지가 꿀럭꿀럭 소리를 내다가 노란색 구토를 하는 경우가 있어요. 보통 새벽에 하는 경우가 많은데요. 공복이 원인일 수 있어요. 배 속이 비어 있는 시간이 길어져서 위액을 토하는 것이지요.

이때는 밥 주는 시간을 조정해야 해요. 하루에 한 번 밥을 주었다면 같은 양을 두 번에 나눠 주고, 하루에 두 번 밥을 주었다면 세 번에 나눠 주는 거예요. 그러면 배 속이 비어 있는 시간이 짧아지니까요.

밥 주는 시간을 일정하게 지키는 것도 중요해요. 밥시간이 규칙적이지 않으면 위에 탈이 날 수 있어요. 밥 주는 시간을 조정했는데도 계속해서 노란색 구토를 한다면 병원에 데려가야 해요. 원인이 따로 있을 수 있으니까요.

특히 강아지가 빨간색, 갈색, 녹색 구토를 한다면 곧장 병원에 데려가세요. 몸 안에 출혈이 있거나 병에 걸렸다는 신호일 수 있답니다.

사료를 얼마나 줘야 할까요?

사료 포장지를 보면 강아지 나이, 몸무게, 활동량에 따라 하루에 주어야 할 양이 적혀 있어요. 보통 그램(g)으로 표시되어 있어서 집에 작은 저울이 있으면 좋아요.

하루 총 급여량을 확인한 다음 우리 강아지가 하루에 먹는 횟수에 따라 나눠 주면 돼요. 예를 들어 하루에 200그램이 적정 급여량일 경우, 밥을 두 번 준다면 100그램씩, 밥을 세 번 준다면 70그램씩 주는 거예요.

새끼 강아지는 하루에 3~4번 밥을 주는 게 좋고, 다 큰 개는 하루에 2번 정도 밥을 주는 게 좋아요.

사료의 종류에 따라 급여량이 달라질 수 있으니까 사료를 바꿀 때마다 급여량을 꼭 확인하세요.

3. 뭐든 물어뜯는 강아지: 사람도 물면 어쩌지?

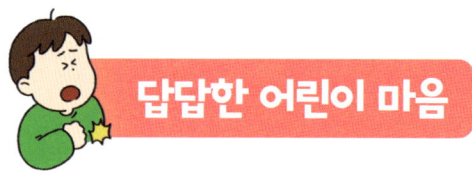
답답한 어린이 마음

또리가 점점 사나워지는 것 같아서 걱정이에요. 내 책, 내 신발, 식탁 다리, 의자 다리, 온갖 물건을 물어뜯는 데다가 말리면 신경질까지 부려요.

한번은 교과서를 물어뜯고 있길래 내가 뺏으려고 했거든요? 그랬더니 이빨로 꽉 물고 안 놓더라고요. 으르렁 소리도 내고요. 그래도 억지로 뺏었더니 쪼르르 달려가서는 보란 듯이 의자 다리를 물어뜯는 게 아니겠어요?

이렇게 말하면서 짜증을 내는 것 같은데 저러다 나중에 의자 다리가 아니라 내 다리를 물면 어쩌죠? 귀여운 또리가 그런 행동을 한다는 건 상상도 하기 싫지만 자꾸 걱정이 돼요.

알면 보이는 개의 마음

개구쟁이 동생이 생기니 형으로서 신경 쓸 일이 많지요? 게다가 동생이 말 못 하는 강아지니 동생 마음을 헤아리느라 골치가 아플 거예요.

얼른 걱정 하나를 덜어 줄게요. 또리가 온갖 물건을 물어뜯는 건 짜증이 나서도 아니고 사나워서도 아니에요. 이갈이를 하느라 그런 것이죠. 개도 사람처럼 이갈이를 하거든요. 생후 4개월부터 젖니가 하나둘 빠지고 영구치가 나기 시작하지요. 이갈이 때는 이빨이 몹시 간지럽기 때문에 이것저것 물어뜯고 잘근잘근 씹는답니다.

또리가 교과서를 물고서 으르렁거린 건 이런 뜻이에요.

> 형, 나랑 이걸로 줄다리기할래? 나는 이쪽으로 잡아당길 테니 형은 반대쪽으로 잡아당겨.

> 줄다리기 못 하면 의자 다리라도 씹어야겠어. 이빨이 너무 간지러워.

이갈이가 끝날 때까지 강아지는 계속 뭔가를 씹고 물어뜯을 거예요. 어느 강아지나 똑같답니다.

　그러니 물건을 망가뜨린다고 강아지를 너무 혼내지 마세요. 물어뜯어도 되는 물건이나 이갈이용 장난감을 주면 어떨까요? 전선처럼 물어뜯으면 안 되는 것들은 미리 치워 두거나 가려 두고요.

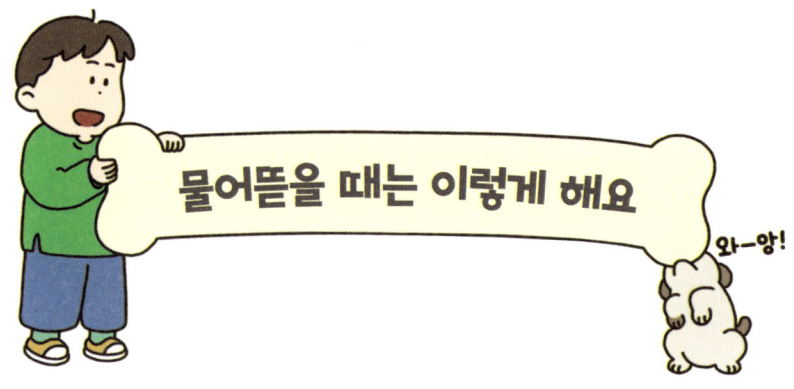

🐾 강아지가 빠진 이빨을 삼켰다면

강아지 젖니는 생후 4~8개월 사이에 모두 빠져요. 저절로 빠지니까 억지로 뽑거나 병원에 가지 않아도 돼요.

이갈이 시기에는 강아지가 물어뜯던 물건 사이에서 빠진 이빨이 발견되기도 해요. 강아지가 삼키기도 하고요. 혹시 강아지가 빠진 이빨을 삼키더라도 놀라지 마세요. 하루 이틀 안에 똥에 섞여 나오니까요.

생후 8개월이 지났는데도 젖니가 빠지지 않는다면 강아지를 병원에 데려가세요. 젖니가 빠지지 않으면 영구치가 제대로 나지 못하니까요.

🐾 강아지가 손가락을 깨문다면

강아지는 이갈이 시기에 이빨이 매우 간지러워요. 그래서 이것저것 물어뜯게 되는데 그러다가 가끔 보호자의 손가락을 깨물기도 합니다. 상처가 날 정도로 꽉 무는 게 아니라 장난치듯이 살짝 무는 것이지요.

이때 보호자가 "간지러워서 그렇구나." 하고 그냥 넘어가거나, "아이고, 귀여워." 하고 예뻐해 주면 안 돼요. 그러면 손가락을 깨무는 게 버릇이 돼 버려요. 보호자가 좋아하는 행동이라고 생각하는 거죠. 그러면 영구치가 나고도 같은 행동을 반복하게 되고 사람을 무는 개가 될 수 있답니다. 따라서 깨무는 행동은 일찌감치 고쳐 주어야 해요. 방법은 간단해요.

강아지가 깨물었을 때 곧바로 "아야!" 하고 짧고 단호하게 외치면서 벌떡 일어나는 거예요. 다른 말도 다른 행동도 하지 말고요. 그러면 강아지는 깨물면 보호자가 싫어한다는 걸 알고 조심한답니다.

깨물자마자 곧바로 교육하지 않으면 효과가 전혀 없어요. 강아지는 바로 그때가 아니면 보호자가 왜 그러는지 모르거든요. 자기가 한 행동과 보호자의 반응을 연결 짓지 못하는 것이지요.

🐾 이갈이 할 때 좋은 장난감

강아지가 이갈이 할 때 집 안에 있는 물건을 물어뜯지 못하게 하려면 이갈이용 장난감을 따로 준비하는 게 좋아요.

이갈이용 장난감은 간지러움을 없애 주고 흔들리는 젖니가 잘 빠지도록 도와줍니다.

플라스틱처럼 단단한 재질로 만든 장난감을 주면 강아지 잇몸에 상처가 생길 수 있으니 천으로 만든 장난감을 주세요. 낡은 수건이나 구멍 난 양말을 이용해서 직접 만들어 줘도 좋아요.

이갈이 할 때 어떻게 놀아 주면 좋을까요?

이갈이용 장난감으로 줄다리기를 해 주면 강아지가 무척 즐거워할 거예요. 장난감을 살짝 잡아당기면서 놀아 주면 되는데, 이런 놀이를 '터그 놀이'라고 해요.

터그 놀이를 할 때는 먼저, 장난감을 강아지가 물기 편한 위치에 가까이 대 주세요. 그리고 강아지가 장난감을 물면 살짝 잡아당기거나 살살 흔들어 주세요. 그러면 강아지가 줄다리기하듯이 장난감을 자기 쪽으로 당길 거예요. 이런 식으로 한참 놀아 주면 됩니다. 이때 으르렁거리는 건 노느라 그러는 거니까 신경 쓰지 마세요.

단, 장난감을 너무 높이 들어서 강아지가 뛰어오르게 한다거나 너무 세게 당겨서 강아지가 끌려다니게 하지는 마세요. 그러면 강아지가 다칠 수 있어요. 특히, 어린 강아지랑 놀아 줄 때는 힘 조절에 신경 써야 한다는 걸 기억하세요.

4. 강아지가 밥을 안 먹을 때: 밥투정하는 거야?

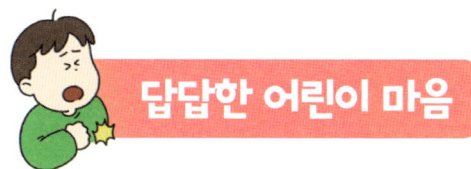

답답한 어린이 마음

얼마 전까지는 또리가 토할 만큼 밥을 많이 먹어서 걱정이었는데 이제는 밥을 잘 먹지 않아서 걱정이에요. 아무래도 아빠 때문인 것 같아요. 아빠가 자꾸 간식을 주거든요.

내가 밥 먹기 전에 과자를 먹으려고 하면 엄마가 말리거든요? 과자 먼저 먹으면 밥맛이 떨어져 밥을 잘 안 먹는다고요. 강아지도 마찬가지 아닐까요? 아빠가 자꾸 간식을 주니까 또리가 밥맛이 떨어져서 밥투정을 하는 거죠.

처음엔 내가 밥을 줄 때마다 또리가 꼬리를 흔들었는데 요즘에는 쳐다보지도 않는다니까요.

또리가 이렇게 말하는 것 같은데 잘못 생각하는 걸까요?

 **알면 보이는 개의 마음**

　이번에는 또리 마음을 잘 알아챈 것 같은데요? 냄새도 맡기 싫은 정도까지는 아니어도 또리가 밥보다 간식을 더 먹고 싶어 하는 건 맞는 것 같아요.

　이러면서 밥투정을 하는 거죠.
　아무래도 아빠가 또리에게 간식을 덜 줘야 할 것 같아요. 지난번에 해 주고 싶은 걸 참는 것도 사랑이라고 했죠? 아빠도 또리를 사랑한다면 간식 주는 걸 참아 달라고 말해 보세요.
　간식을 주지 않는다고 해서 또리가 단번에 밥을 잘 먹지는 않을 거예요. 이미 간식 맛에 길들여졌을 테니까요.
　그럼 어떻게 해야 할까요? 당분간 간식을 끊고, 밥을 준 후 10~20분 사이에 먹지 않으면 곧장 밥그릇을 치우세요. 그렇게 한두 끼를 굶으면 배가 고파서 이내 밥을 먹게 될 거예요.

또리가 아무것도 먹지 않으면 지켜보는 보호자는 마음이 아플 거예요. 하지만 꼭 참고 이 고비를 잘 넘겨야 해요. 간식에는 강아지가 성장하는 데 필요한 영양소가 충분히 들어 있지 않거든요. 그러니 온 가족이 마음을 단단히 먹고 또리의 밥투정을 하루빨리 고쳐 주세요.

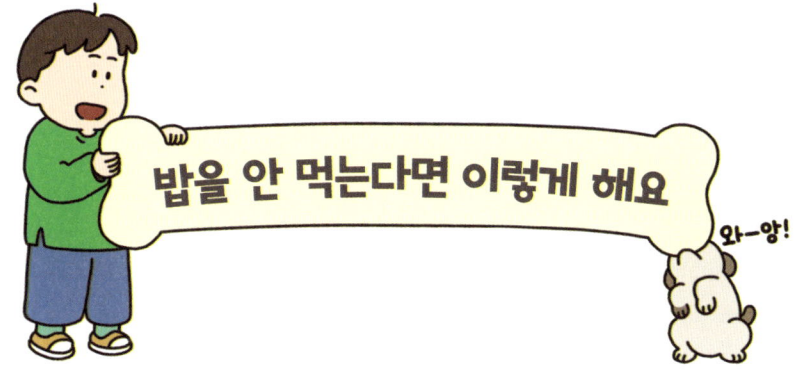

🐾 밥투정인지 어떻게 구분할까요?

강아지가 평소처럼 놀고 간식은 잘 먹으면서 밥만 먹지 않는다면 밥투정이 맞아요.

만약 밥도 잘 안 먹고 기운도 없어 보인다면 아파서 입맛이 없는 것일 수도 있으니 병원에 데려가야 해요.

🐾 간식을 하나도 주면 안 될까요?

밥투정을 고치는 동안에는 주지 마세요. 그러다가 밥을 잘 먹기 시작하면 가끔씩 줘도 돼요.

단, 아무 때나 주지 말고 칭찬받을 만한 행동을 했을 때 상으로 주세요. 기다리라고 했을 때 잘 기다린다든가, 이름을 불렀을 때 바로 달려온다든가, 배변 패드 위에 똥오줌을 잘 눈다든가 할 때 말이에요.

그리고 간식 급여량도 미리 확인하세요. 간식도 사료처럼 포장지에

적정 급여량이 적혀 있어요. 급여량보다 더 주면 강아지가 살찔 수 있답니다. 살이 찌면 각종 질병에 걸리기 쉽지요. 그러니까 급여량을 지켜 주는 게 좋아요.

🐾 강아지 입맛에 맞는 사료를 골라 주세요

강아지가 크면 사료를 바꿔 줘야 해요. 어린 강아지용 사료는 성장기에 맞춘 사료라서 지방이 많고 칼로리가 높아요. 그래서 다 큰 개가 먹으면 쉽게 살이 찐답니다.

사료를 바꿀 때는 무턱대고 대용량을 사지 말고 샘플용으로 나온 것을 사서 강아지 입맛에 맞는지 먹여 보세요. 자기 입맛에 맞지 않으면 끝까지 안 먹는 강아지도 있거든요. 그러니까 입맛이 까다로운 강아지라면 입맛에 맞는 사료를 찾아 주는 게 좋아요.

🐾 평소에는 밥그릇을 치워 주세요

밥그릇에 사료를 부어 두고 아무 때나 먹을 수 있게 하는 걸 '자율 급식'이라고 해요. 자율 급식을 하는 집도 많은데 이렇게 하면 강아지가 밥을 더 안 먹어요. 공기 중에 노출된 채 시간이 한참 지나면 사료에서 나는 맛있는 냄새가 날아가 버리거든요. 고소한 냄새가 나지 않으니 밥을 먹지 않는 거예요.

　자율 급식이 좋지 않은 이유가 또 있어요. 자율 급식을 하면 밥그릇에 늘 밥이 있으니까 강아지가 밥 먹는 재미를 잘 느끼지 못해요. 가끔 얻어먹는 간식을 먹을 때 훨씬 즐거운 것이지요.

　식탁 위에 하루 종일 밥이 차려져 있다면 사람들도 밥 냄새에 질리고 밥에 시큰둥해질걸요? 그러니 귀찮더라도 밥 주는 시간을 정해서 그때만 밥그릇을 내려놓고 평소에는 치워 주세요.

5. 내 말은 듣지 않는 강아지: 무시하는 거야?

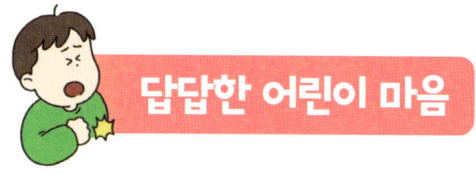
답답한 어린이 마음

또리한테 간식을 가장 많이 주는 사람은 아빠가 맞아요. 또리랑 가장 오랜 시간 같이 있는 사람은 엄마가 맞고요. 하지만 꼬박꼬박 밥 챙겨 주고 같이 놀아 주는 사람은 바로 나라고요.

그런데도 또리는 엄마 아빠가 부르면 쪼르르 달려가면서 내가 부르면 딴청을 피워요. 혓바닥으로 코를 핥으면서 저랑 눈도 안 마주친다니까요. 꼭 또리가 이렇게 말하는 것 같아요.

내가 또리를 계속 부르면 또리가 마지못해 오긴 해요. 하지만 엄마 아빠한테 갈 때랑 완전히 달라요. 저한테 올 때는 느릿느릿, 빙 돌아서 걸어오거든요.

개들은 서열을 금방 눈치채고 어린이를 무시하기도 한다던데 또리도 저를 무시하는 걸까요? 그러면 안 되는 거 아니에요?

알면 보이는 개의 마음

또리 이름을 불렀을 때 또리가 바로 달려오지 않아서 섭섭하군요? 또리가 왜 형을 섭섭하게 하는지 또리 마음을 알아볼까요?

강아지가 자기 이름을 알게 되는 데는 시간이 걸려요. 일주일이 걸릴 수도 있고, 한 달이 걸릴 수도 있지요. 자기 이름을 알기 전에는 아무리 이름을 불러도 자기를 부르는지 모를 수밖에 없지요.

이때 강아지가 보호자를 무시한다고 오해하면 안 돼요. 한 번에 안 온다고 계속해서 여러 번 부르거나, 화를 내거나, 짜증 섞인 목소리로 불러도 안 되지요. 그러면 강아지가 보호자를 불편하게 여긴답니다.

불러서 다가왔을 때 느닷없이 꽉 껴안아도 불편해할 수 있어요.

혹시 또리에게 위와 같은 행동을 한 적은 없는지 생각해 보세요. 만약 그랬다면 또리는 이미 여러 번 불편하다는 신호를 보냈을 거예요.

혓바닥으로 자신의 코를 핥는다든가, 보호자가 이름을 부를 때 고개를 돌리는 행동이 첫 번째 신호지요.

신호를 보냈는데도 보호자가 몰라주면 그다음에 불렀을 때는 딴

청을 피워요. 또리처럼 보호자 시선을 피하면서 느릿느릿 빙 돌아서 다가오지요. 보호자 눈치를 보는 거예요.

> 형, 짜증 난 거야? 무서워.
> 형도 엄마 아빠처럼
> 다정하게 불러 주면 안 돼?

엄마 아빠가 화난 목소리로 어린이를 부를 때 어린이가 엄마 아빠 시선을 피하며 주춤주춤 걸어오는 것과 비슷해요.

또리가 보호자를 편하게 여기도록 하려면 다정한 목소리로 이름을 불러 주세요. 또리가 곧장 달려오지 않더라고 반복해서 부르거나 재촉하지 말고요. 보호자가 인내심을 가지고 기다려 준다면 머지않아 또리도 보호자에게 쪼르르 달려올 거예요.

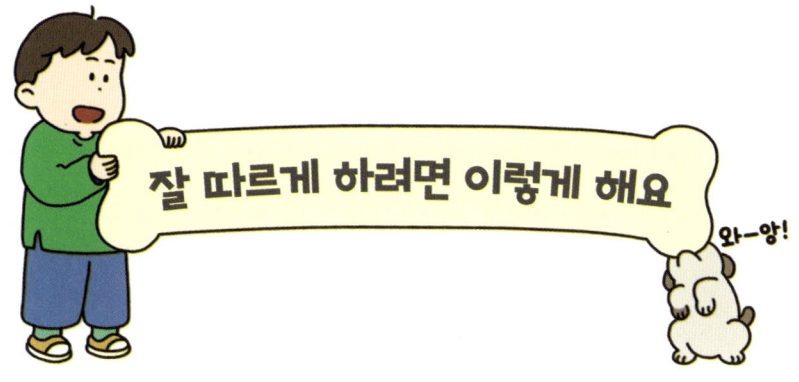

🐾 강아지는 어떤 사람을 잘 따를까요?

　강아지에게 있어서 서열의 기준은 나이가 많거나 힘이 센 사람이 아니에요. 얼마나 믿을 만한 사람인지가 기준이지요.

　강아지는 자신을 예뻐해 주는 사람보다 자신을 보호해 주는 사람을 더 잘 믿고 따라요. 물론 둘 다 갖춘 사람이라면 가장 좋겠지요.

　강아지를 보호해 주는 사람, 즉 '보호자'는 강아지가 믿고 의지할 수 있도록 리더십을 보여 주어야 해요. 그런데 강아지에게 리더십을 보여 주는 방법을 잘못 알고 있는 사람이 많아요. 강아지가 잘못된 행동을 했을 때 따끔하게 혼내는 것만 생각하는 것이죠.

　물론 사람을 문다든가 다른 개에게 공격성을 보이면 따끔하게 혼내야 하지만 평소에는 칭찬을 많이 해 주는 게 좋아요. 보호자가 원하는 행동을 했을 때 칭찬을 듬뿍 해 주면 강아지는 보호자를 더욱 잘 따른답니다. 리더십을 보여 주는 가장 좋은 방법은 칭찬이라는 걸 명심해요.

🐾 강아지 기본예절 가르치기

　사람들과 어울려 사는 강아지에게 기본적으로 가르쳐야 할 예절이 있어요. 바로 "이리 와, 앉아, 기다려."예요. 강아지가 이 세 가지만 잘 배워도 집 밖에 나갔을 때 다른 사람에게 폐를 끼치지 않을 수 있어요.

　기본예절을 가르치는 방법은 말로 하는 칭찬과 간식 보상이에요.

　"앉아."를 가르쳐 볼까요? 먼저 간식을 넉넉히 준비하세요. 강아지가 못 보게 주머니에 넣어 두는 게 좋아요. 그다음, 간식 하나를 손에 쥔 채 그 손을 강아지 머리 위로 올리고서 "앉아!"라고 말해 보세요. 차렷! 열중쉬어! 할 때처럼 짧고 단호한 말투로요.

　강아지가 곧바로 앉지 않는다고 해서 "앉아!"를 여러 번 반복하지 마세요. 그러면 강아지가 혼란스러워하거든요. 가만히 기다리면 얼마 후 강아지가 자리에 앉을 거예요. 이때가 중요해요. 강아지가 앉자마자 간식을 줘야 해요. "잘했어!"라는 칭찬도 해 주고요. 간식을 조금이라도 늦게 주면 강아지는 보호자가 왜 간식을 주는지 모른답니다.

　기본예절을 가르칠 때 어떤 강아지는 단박에 배우고 어떤 강아지는 며칠이 지나야 배워요. 그러니 급하게 생각하지 마세요. 보호자가 포기하지 않는다면 강아지는 늦더라도 틀림없이 예절을 배울 수 있어요.

6. 초인종 소리에 짖는 강아지: 갑자기 왜 그래?

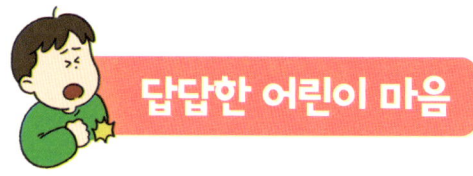

답답한 어린이 마음

강아지가 어렸을 때부터 여러 사람을 만나 봐야 나중에 낯선 사람을 봐도 짖지 않는다고 들었어요. 그래서 일부러 친구들을 우리 집에 자주 데려왔어요. 엄마도 이모를 여러 번 불렀고요. 그때마다 또리는 꼬리를 흔들며 엄청 순하게 굴었어요.

그런데 며칠 전부터 또리가 확 달라졌지 뭐예요. 초인종 소리만 나면 현관으로 달려가서 막 짖고 손님이 오면 난리가 나요. 마치 손님한테 협박하는 것 같아요.

내 친구들도, 이모도, 또리를 불편하게 하거나 겁준 적이 없어요. 그런데 또리가 갑자기 왜 이러는 걸까요?

우리 가족이 되기 전에 나쁜 일이라도 겪은 걸까요? 초인종 소리가 들리면 나쁜 사람이 나타나서 또리를 괴롭히기라도 한 걸까요? 그 기억이 되살아나서 또리가 불안해하는 걸까요? 아니면 그냥 우리 집 초인종 소리가 마음에 들지 않는 걸까요?

그렇다고 해도 처음엔 안 그러더니 왜 요즘 들어 갑자기 짖는 건지 정말이지 이상해요. 아무리 생각해도 이유를 모르겠어요.

알면 보이는 개의 마음

사람도 커 가면서 성격이 달라지듯이 강아지도 자라면서 성격이 변해요. 특히 생후 6개월~1년 사이에 성격이 확 바뀌는데, 이 시기를 우스갯소리로 '개춘기'라고 부른답니다. 사람이 겪는 사춘기에 '개' 자를 붙인 거죠.

개춘기 없이 순조롭게 성견이 되는 강아지도 있지만 많은 강아지가 크든 작든 개춘기를 겪어요. 새끼 때는 마냥 순하기만 했던 강아지가 개춘기에 접어들면서 말도 잘 듣지 않고, 고집도 세지고, 짖고, 예민하게 굴지요.

또리가 갑자기 초인종 소리에 예민하게 반응하고 손님들에게 짖는 것도 개춘기라서 그런 것 같아요. 협박을 한다기보다 짜증을 부리는 것에 가까워요.

> 우리 집에 다른 사람 오는 거 불편해!
> 나도 이러고 싶지 않은데
> 자꾸 짜증이 난다고!

강아지가 갑자기 전에는 하지 않았던 문제 행동을 보이면 "우리 강아지가 이런 강아지가 아닌데?" 하며 놀라거나 실망하는 보호자들이 많은데요. 이때 제대로 교육하지 않으면 문제 행동이 습관처럼 굳어질 수 있어요.

그래서 개춘기에는 더욱 신경 써서 교육해야 해요. 강아지가 문제 행동을 보이면 무시하고, 올바른 행동을 하면 간식을 주면서 칭찬하는 방법을 써 보세요.

날마다 이렇게 교육하면 강아지는 점점 보호자가 싫어하는 행동과 보호자가 좋아하는 행동을 구분하게 됩니다. 어느 강아지든 보호자에게 잘 보이고 싶고 사랑받고 싶어 하기 때문에 점점 보호자가 좋아하는 행동을 많이 하게 되지요. 그렇게 개춘기를 보내고 나면 점차 문제 행동을 하지 않는 개로 성장할 거예요.

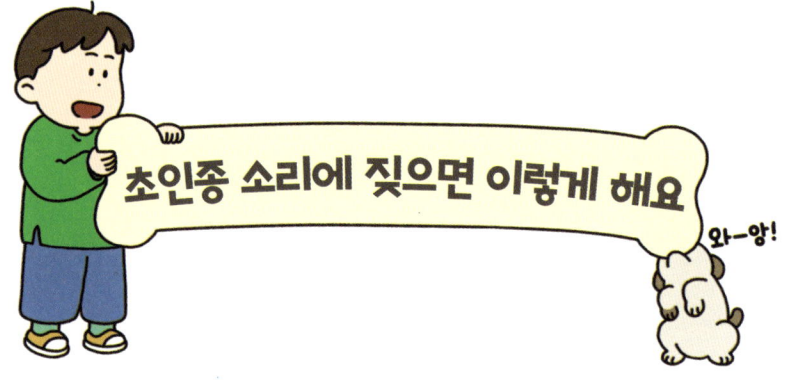

🐾 초인종 소리와 좋은 기억 연결하기

　초인종 소리가 나면 짖는 강아지에게는 이렇게 교육해 보세요.

　먼저 칭찬할 사람과 초인종 누를 사람으로 역할을 정하세요. 초인종을 누를 사람이 밖에 나가서 초인종을 누르세요. 이때 강아지가 현관을 보며 짖기 시작하면 칭찬할 사람이 현관을 등지고 서서 강아지를 발로 슬쩍 밉니다. 강아지가 계속 짖으면 강아지 쪽으로 한 발짝씩 다가가세요. 그러면 강아지가 뒤로 물러날 거예요. 이때 아무 말도 하지 말고 허리도 숙이지 말고 강아지에게 손도 대지 마세요.

　"우리 집은 네가 지키는 게 아니라 내가 지켜. 그러니까 걱정하지 말고 너는 뒤로 물러나렴."

　강아지에게 이렇게 말한다고 생각하고 꼿꼿한 자세로 서서 교육하는 거예요. 강아지가 짖지 않고 차분해지면 그때 준비한 간식을 주세요.

　이 교육을 날마다 수차례씩 반복해 보세요. 강아지는 점점 초인종 소리가 나면 간식을 먹을 수 있는 좋은 일이 생긴다는 걸 깨닫고 짖지 않게 된답니다.

여기서 주의할 점! 교육하는 동안은 아무 때나 간식을 주면 안 돼요. 그러면 효과를 볼 수 없어요.

또한 꾸준히 잘 교육하다가 단 한 번이라도 강아지가 초인종 소리에 짖었을 때 "놀랐어? 무서웠구나?" 하면서 간식을 줘도 안 돼요. 그러면 강아지는 무엇이 문제 행동인지 헷갈려요. '짖었더니 간식을 주네?'라고 느끼면서 오히려 더 자주 짖게 될 수도 있지요. 그러니까 보호자와 가족 모두 간식 주는 원칙을 잘 지켜야 해요.

🐾 손님과 좋은 기억 연결하기

손님이 오면 짖는 강아지에게는 이렇게 교육해 보세요.

먼저 강아지 교육을 도와줄 손님을 정하세요. 그리고 손님에게 강아지가 진정할 때까지 현관에 가만히 서 있어 달라고 미리 말해 둡니다.

강아지는 손님이 위험한 사람인지 아닌지 알아보기 위해 현관에서 킁킁 발냄새를 맡을 거예요. 이때 손님이 가만히 서서 기다려 주면 강아지도 흥분을 가라앉히지요. 하지만 손님이 성큼성큼 집 안으로 들어가면 강아지는 손님을 따라가며 계속 짖어요. 강아지는 한번 흥분하면 자기도 모르게 점점 더 흥분해요. "왜 그래?" "안 돼!" "조용히 해!"와 같은 어떤 말도 강아지를 진정시킬 수 없어요. 오히려 강아지를 더 흥분시킬 뿐이지요.

그래서 강아지가 흥분했을 때는 주변 사람들이 아무 말 없이 아무 동작도 취하지 않고 차분한 모습을 보여 주는 게 좋아요. 그러면 강아지도 점점 차분해진답니다. 강아지가 차분해지면 손님이 간식을 던져 주고 천천히 집 안으로 들어가면 돼요.

이 교육을 꾸준히 반복하면 강아지는 손님이 오면 좋은 일이 생긴다는 걸 깨닫고 손님에게 짖지 않게 된답니다.

여기서 주의할 점! 단순히 짖기만 하는 게 아니라 손님을 공격하는 강아지라면 이렇게 교육하면 안 돼요! 손님을 물 수도 있으니까요. 그런 강아지는 입마개와 가슴 줄을 채운 후, 손님에게 달려들지 못하도록 보호자가 줄을 잡은 채 다른 방법으로 교육해야 해요. 이왕이면 전문 훈련사를 집으로 불러서 교육하는 게 좋겠죠?

7. 간식 숨기는 강아지: 뺏어 먹을까 봐 숨기니?

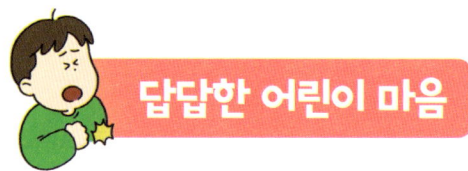 **답답한 어린이 마음**

또리가 다른 간식은 주자마자 그 자리에서 먹는데 오리 개껌을 주면 자꾸 숨기려고 해요. 처음엔 배가 불러서 나중에 먹으려고 그러는 줄 알았어요. 그런데 오리 개껌을 줄 때마다 매번 그러더라고요.

한번은 아빠가 "나중에 먹고 싶어?"라고 하면서 또리가 소파 틈새에 숨겨 둔 오리 개껌을 꺼내 들었어요. 그랬더니 또리가 소파 위에서 폴짝거리면서 왈왈 짖더라고요. 자기 간식 내놓으라고 떼쓰는 것 같았어요.

아빠가 오리 개껌을 내려놓으니까 냅다 물고서 자기 방석으로 달려가더니 허겁지겁 씹어 먹는 거 있죠? 눈빛으로 이렇게 말하는 것 같았어요.

아빠도, 나도 또리랑 놀아 주느라 또리 장난감을 뺏는 척한 적은 있지만 또리 간식을 뺏은 적은 한 번도 없어요. 간식을 줬다 뺏는 짓은 하지 않는다고요. 그건 강아지를 놀리는 행동이잖아요.

그런데 또리는 왜 아빠와 나를 도둑으로 여기는 걸까요? 강아지가 간식을 숨기는 것도 문제 행동 아닌가요? 어떻게 고쳐 줘야 할까요?

알면 보이는 개의 마음

강아지가 간식을 숨기는 행동은 문제 행동이 아니에요. 많은 강아지들이 그런 행동을 한답니다. 방석, 소파 틈새, 이불 같은 곳을 앞발로 막 파서 간식을 숨기고는 코로 미는 행동을 하는데요. 이건 땅속에 간식을 숨기고 흙으로 덮어 가리는 행동이에요. 아주 먼 옛날, 개들이 사람과 살지 않던 시절에 어렵게 구한 먹이를 꽁꽁 숨기던 행동이지요. 그때의 본능이 아직까지 남아 있는 거예요.

그런데 또리는 왜 오리 개껌만 숨기는 걸까요? 오리 개껌이 또리가 가장 좋아하는 간식이기 때문이에요. 오리 개껌이 또리에게는 아주 소중한 보물인 것이죠.

그러니 또리가 허겁지겁 오리 개껌을 먹을 때는 이런 마음일 수 있어요.

> 내 보물, 절대 안 뺏겨!

나중에 먹으려고 숨겨 둔 것이지만, 숨길 수 없게 되었으니 먹어 버리는 것이지요. 개들의 본능적이고 자연스러운 행동이랍니다.

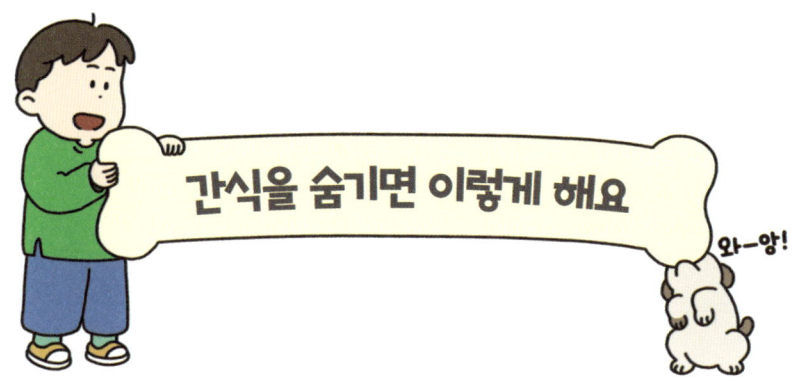

🐾 이상하게 보지 마세요

강아지가 방석이나 이불을 앞발로 막 파서 헤치는 모습을 본 적 있지요? 이것 역시 본능적인 행동이에요.

개들이 사람과 함께 살기 전에는 바깥에서, 대부분 땅바닥에서 잠을 잤어요. 그때 개들은 맹수로부터 몸을 숨기려고 땅을 얕게 판 후 그 안에서 잠을 잤는데, 그런 습관이 본능으로 남아 지금까지 이어져 오는 것이랍니다.

기분이 너무 좋은 나머지 흥분해서 땅 파는 행동을 하는 강아지도 있어요. 반가운 손님이 왔거나, 칭찬을 듬뿍 받았거나, 새로운 장난감이 생겼을 때 놀이처럼 땅을 파는 거예요.

물론 진짜 땅바닥을 파는 건 아니지만 부드러운 천을 발로 헤집으며 자기 기분을 표현하는 것이지요.

자연스러운 행동이니까 말리거나 걱정할 필요가 없답니다.

🐾 강아지가 숨긴 간식, 뺏지 마세요

간혹 숨겨 둔 간식을 뺏겼을 때 강아지가 보이는 반응이 귀엽고 재미있어서 장난삼아 간식을 뺏는 보호자가 있어요. 강아지가 애써 숨겨 둔 간식을 자꾸 찾아내서 놀리는 것인데요. 강아지 반응이 아무리 귀여워도 이런 행동은 하지 마세요. 그랬다가 귀여운 강아지가 사납게 변할 수도 있으니까요.

보호자가 자꾸 강아지 간식이나 장난감을 뺏으면, 강아지는 본능적으로 자기 것을 지키려는 마음이 강해져요. 보호자가 아무리 "장난이야."라고 웃어도 강아지는 절대 이해하지 못해요.

그러다 결국 간식뿐만 아니라 여러 가지 물건에 소유 공격성을 보이게 되지요. 소유 공격성이란 자기 물건에 대한 집착이 강해서 자기 물건을 지키려고 사람을 공격하는 거예요. 소유 공격성이 있는 강아지는 누가 자기 물건에 손만 대도 으르렁거리며 짖고, 심하면 물기도 하지요.

강아지가 간식을 숨기는 것은 문제 행동이 아니지만 소유 공격성은 문제 행동이에요. 그러니까 이런 문제 행동이 생기지 않도록 보호자가 먼저 조심해야 해요.

8. 잠꼬대하는 강아지: 강아지도 꿈을 꿀까?

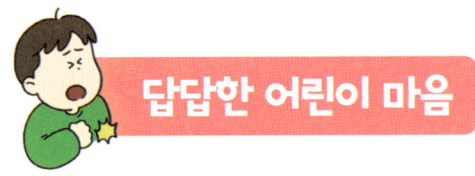 답답한 어린이 마음

어젯밤에 또리가 자다 말고 비명 같은 소리를 질렀어요. 깜짝 놀라서 깨어 보니 네 발을 버둥거리며 중얼중얼하고 있더라고요. 중얼중얼하다가 소리를 질렀다가 다시 중얼중얼하고……. 잠꼬대하는 것처럼 보였는데 아무래도 무서운 꿈을 꾸는 것 같았어요.

다행히 내가 말을 거니까 잠깐 눈을 떴다가 이내 다시 잠들었어요. 새근새근 자는 또리 모습이 너무 귀여워서 뽀뽀를 해 주고 싶었는데 또리가 깰까 봐 꾹 참았어요.

또리랑 같이 자기 전까지 나는 무서운 꿈을 꾸면 안방으로 달려갔어요. 그런 날은 혼자 자기 싫어서 엄마 아빠와 함께 잤지요. 그런데 이제는 무서운 꿈을 꿔도 안방으로 달려가지 않아요. 또리가 옆에 있어서 안심이 되거든요.

또리도 내가 옆에 있어서 악몽을 꾼 후에 다시 잠들 수 있었던 걸까요? 그랬으면 좋겠어요. 내가 또리를 지켜 주고 싶거든요.

그런데 강아지도 꿈을 꾸는지 몰랐어요. 강아지가 잠꼬대한다는 말은 들어 본 적도 없고요. 혹시 우리 또리만 잠꼬대를 하는 건가요? 그렇다면 이상한 건가요? 아니면 특별한 건가요?

알면 보이는 개의 마음

사람이 잠을 잘 때는 여러 수면 단계를 거쳐요. 곧바로 깊은 잠에 빠져서 아침까지 그대로 자는 게 아니랍니다. 수면 단계를 크게 둘로 나누면, 비렘수면 단계와 렘수면 단계로 나눌 수 있어요.

비렘수면 단계는 깊은 잠에 빠진 단계이고, 렘수면 단계는 얕은 잠에 빠진 단계예요. 렘수면 상태에서는 잠은 들었어도 뇌의 활동은 활발하지요.

우리가 꿈을 꿨다고 하는 건 꿈을 기억하는 거예요. 꿈을 기억할 수 있는 것은 렘수면 상태에서 깨어났기 때문이지요. 비렘수면 상태에서 깨면 꿈을 기억하지 못한답니다.

강아지도 마찬가지예요. 강아지도 비렘수면과 렘수면 단계를 반복하며 잠을 자고, 렘수면 단계에서 꿈을 꿔요. 그리고 사람보다 여러 번 렘수면 단계를 경험하지요.

사람은 보통 잠을 자는 동안 5~7번 정도 렘수면을 경험하는데, 강아지는 20번 정도 경험한다고 해요. 다시 말해 강아지가 사람보다 얕은 잠을 자는 시간이 길다는 거예요. 강아지가 말해 주지 않아서 모르지만 아마 꿈도 사람보다 많이 꿀 거예요. 그러니까 또리가 꿈을 꾸고 잠꼬대를 하는 것은 이상한 게 아니랍니다.

 이제 이유를 알았으니 잠자는 강아지를 깨우지 마세요. 갑자기 깨우면 강아지가 순간적으로 으르렁거리거나 물려고 할 수도 있어요. 잠을 깨웠다고 화내는 게 아니라 잠이 덜 깬 상태에서 자기도 모르게 하는 행동이에요. 잠을 자다가 공격을 받았다고 생각해 본능적으로 방어하는 것이랍니다.

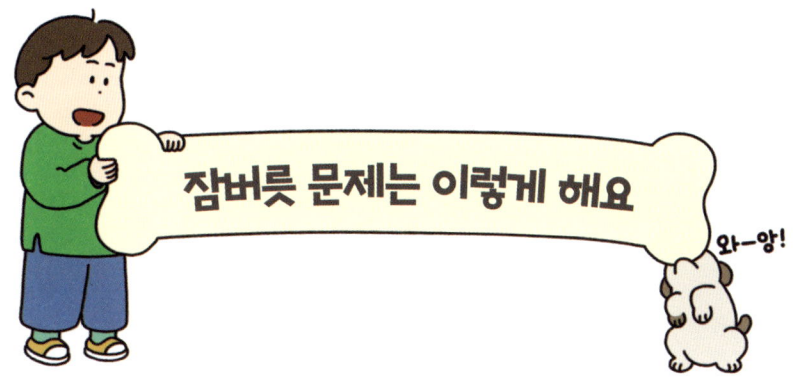

🐾 강아지가 잠을 못 잘 때

강아지가 잠을 잘 자지 못하는 것 같다면 먼저 같이 자는 보호자의 잠버릇을 확인해 보세요. 혹시 자다가 강아지를 자꾸 건드리는 건 아닌지 말이에요. 강아지는 사람과 달리 작은 소리나 움직임에도 금방 잠에서 깨요. 하물며 멀리서 음식 냄새만 나도 번쩍 눈을 뜨지요. 그만큼 얕게 잠을 자기 때문에 자다가 누군가 건드리면 잠을 못 잘 수밖에 없어요.

강아지도 사람처럼 잠을 잘 못 자면 다음 날 피곤하고 예민해져요. 예민한 강아지는 성격이 까칠해지고 문제 행동을 보일 수도 있답니다. 그러니 보호자의 잠버릇에 문제가 있다면 강아지와 따로 자는 게 좋아요.

보호자의 잠버릇에 문제가 없는데도 강아지가 잠을 잘 못 잔다면 다음의 사항들을 확인해 보세요.

첫째, 잠자리가 조용한가요?

둘째, 잠자리가 덥거나 춥지 않은가요?

셋째, 산책을 했나요? 사람도 활동을 많이 한 날 잠을 푹 자듯이 강아지도 충분히 산책하고 실컷 놀아야 잠을 잘 잔답니다.

넷째, 잠자리에 드는 시간이 규칙적인가요? 잠자리에 드는 시간이 들쑥날쑥하면 잠을 잘 자지 못해요. 강아지가 매일 비슷한 시간에 자게 하려면 가족들도 잠자리에 드는 시간이 규칙적이어야 해요. 가족의 건강에도 도움이 되니까 매일 규칙적인 생활 습관을 들여 보세요.

🐾 강아지가 잠을 너무 많이 잘 때

강아지를 처음 키우는 사람들은 강아지가 잠을 너무 많이 잔다고 걱정하곤 하는데요. 강아지는 원래 사람보다 훨씬 더 많이 잡니다.

사람은 하루에 평균 7~8시간 정도 자지만 강아지는 12시간 이상 자는 게 정상이에요. 최소한 12시간은 자야 하지요. 그런데 이건 평균이고 강아지의 적정 수면 시간은 나이와 몸집에 따라 조금씩 다르답니다.

새끼 강아지는 하루에 18~20시간을 자요. 하루 종일 먹고 자기만 하는 것이죠. 그래야 쑥쑥 크니까요. 다 큰 성견은 12~14시간을 자고, 나이가 많은 노견은 새끼 강아지처럼 18~20시간을 잡니다.

성견 중에서도 소형견은 12~14시간을 자고, 중형견은 10~14시간을 자고, 대형견은 18시간 정도 자요. 몸집이 큰 대형견이 가장 많이 자는 것이죠.

어쨌든 개는 참 많이 잡니다. 그러니까 우리 개가 너무 많이 잔다고 걱정하지 않아도 돼요. 특히 여행을 다녀왔거나, 온 가족이 늦게 잠자리에 들었거나, 산책을 평소보다 길게 했다면 더 많이 잘 거예요. 잠으로 피로를 푸는 거니까 걱정하지 말고 가만히 두면 돼요.

하지만 갑자기 평소보다 훨씬 덜 자거나 훨씬 더 잔다면 원인을 알아야 해요. 하루 이틀 그러다 괜찮아진다면 그냥 넘어가도 되지만, 계속 그런다면 병원에 데려가서 건강 검진을 해 보세요.

강아지가 이러저리 옮겨 다니며 잘 때

사람은 한자리에서 쭉 자고 일어나지만 강아지는 잠든 자리에서 일어나는 일이 흔치 않아요. 여러 번 자다 깨다를 반복하고 이리저리 잠자리도 옮겨 다니지요. 한 공간에서 위치만 바꾸기도 하고 이 방 저 방 돌아다니며 자기도 해요. 이건 강아지에게 자연스러운 행동이니까 걱정할 필요 없어요.

하지만 노견이 그런다면 치매가 아닌지 의심해 봐야 해요. 치매에 걸리면 밤낮이 바뀌어서 밤새 깨어 있기도 하고, 자다가 깨서 멍한 상태로 서성이기도 하거든요.

또한 강아지가 여러 번 깨서 평소보다 오줌을 더 자주 눈다면 병원에 데려가 보는 게 좋아요. 신장에 문제가 생겼을 수도 있거든요.

중요한 건 평소와 많이 달라졌느냐 하는 거예요. 원래부터 그랬다면 그 강아지의 특성으로 보면 되지만, 갑자기 달라졌다면 몸에 이상이 생겼다는 신호일 수 있어요.

9. 혼자 못 있는 강아지: 분리 불안 어떻게 고치지?

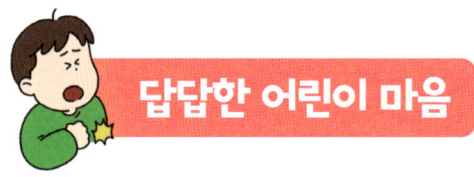

답답한 어린이 마음

또리가 집에 온 지 한 달 만에 가족끼리 외식을 했어요. 처음 혼자 집에 있게 된 또리가 걱정되기도 했지만 혼자 있는 법을 가르쳐야 한다는 생각도 들었어요. 그래서 찡찡대는 또리를 모른 척하고 외출했지요.

하지만 외식하는 동안 또리 생각이 머릿속을 떠나지 않았어요. 혹시나 또리한테 분리 불안이 있을까 봐요. 텔레비전에서 분리 불안이 심한 강아지를 본 적 있는데 발톱에 피가 나도록 현관문을 긁고, 벽지를 뜯고, 혼자 있는 내내 하울링을 하더라고요. 이렇게 소리치는 것처럼 보였어요.

혼자 있는 게 얼마나 무서우면 저럴까 마음이 아팠지요.

그런데 어쩌죠? 우리 또리도 분리 불안이 있는 것 같아요. 텔레비전에서 본 강아지만큼 심하지는 않지만 우리가 외출한 내내 하울링을 한 것 같더라고요. 집에 오니 1층에서부터 또리 우는 소리가 들렸거든요.

이대로 가다가는 또리의 분리 불안이 텔레비전에서 본 강아지처럼 심해지지 않을까요? 분리 불안을 어떻게 고쳐 줘야 할까요?

알면 보이는 개의 마음

분리 불안이 있는 강아지가 보이는 행동에는 크게 세 가지가 있어요.

첫 번째는 짖거나 우는 행동이에요. 또리처럼 낑낑대고, 왈왈 짖고, 늑대처럼 '아우~' 하고 길게 하울링을 하는 것이지요.

두 번째는 집 안을 엉망으로 만들거나 물건을 망가뜨리는 행동이에요. 혼자 있는 스트레스가 너무 심해서 어쩔 줄 몰라 하는 것이지요.

세 번째는 집 안 곳곳에 똥오줌을 누는 행동이에요. 강아지는 너무 무서우면 저절로 항문이 열려요. 그래서 배변하던 곳이 아닌데 자기도 모르게 똥을 지리지요.

분리 불안이 심한 강아지와 사는 가족은 스트레스가 이만저만이 아니에요. 강아지를 혼자 두고 잠시 외출하기도 어렵고, 만약 외출을 해도 강아지가 걱정되어 마음이 불편하지요. 몇 시간이고 하울링을 하는 강아지 때문에 이웃에 피해가 갈까 봐 조마조마하고요. 집에 돌아와서 강아지가 해 놓은 짓을 보면 한숨이 절로 나온답니다.

그래서 어떤 보호자들은 분리 불안을 겪는 강아지를 호되게 꾸짖기도 해요. 모르는 척하거나 무시하면 분리 불안이 고쳐질 거라고 생각하는 보호자들도 있고요. 하지만 강아지의 마음을 이해한다면 이렇게 대처하지 못할 거예요.

강아지의 분리 불안을 이해하기 위해 폐소 공포증을 예로 들어 볼까요?

'폐소 공포증'은 막힌 공간에 있으면 극심한 공포에 휩싸이는 병이에요. 만약 폐소 공포증이 있는 사람이 고장 난 엘리베이터 안에 갇혔다면 어떨까요? 미친 듯이 엘리베이터 버튼을 누르고, 살려 달라고 소리 지르고, 숨쉬기가 힘들어 발버둥 칠 거예요.

분리 불안이 심한 강아지가 느끼는 공포는 엘리베이터 안에 갇힌 폐소 공포증 환자와 비슷해요. 그런데 무시하고 꾸짖고 벌을 준다고 해서 강아지의 분리 불안이 나아질까요? 오히려 더 심해질 거예요. 그럼 어떻게 해야 할까요?

우선 강아지가 가족을 신뢰하게 된 다음에 혼자 있는 법을 가르쳐야 해요. 강아지가 가족을 믿게 하려면 강아지를 다정하게 대해 주고, 일관성 있는 태도를 보여 주면 돼요.

특히 토리처럼 유기견 보호소에서 생활하다가 입양된 강아지는 가족과 신뢰를 쌓는 데 시간이 더 오래 걸릴 수 있어요. 이 사람들이 내 가족이라는 믿음, 가족이 나를 버리지 않을 거라는 믿음, 날 두고 나가더라도 반드시 돌아온다는 믿음을 갖기 위한 시간이 필요하지요.

외출하는 시간을 천천히, 조금씩 늘려 가는 것도 강아지가 보호자를 신뢰하게 만드는 방법 중 하나예요.

나갈 때는 강아지에게 걱정하거나 미안해하는 모습을 보이지 마세요. "갔다 올게." 같은 인사도 하지 말고요. 분리 불안이 없는 강아지는 상관없지만 분리 불안이 있는 강아지는 인사를 외출 신호로 받아들이고 흥분하거든요.

돌아올 때는 강아지와 반갑게 인사해 주세요. 혼자서 잘 기다린 강아지를 듬뿍 칭찬해 주고요. 이런 경험이 쌓이면 강아지는 보호자가 외출할 때 이렇게 생각하게 됩니다.

"얌전히 기다리고 있으면 보호자가 돌아와서 칭찬해 줄 거야."

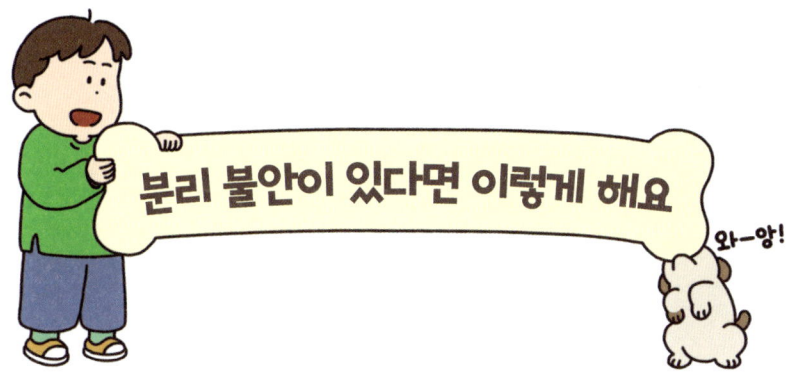

분리 불안이 있다면 이렇게 해요

🐾 백색 소음을 활용해 보세요

빗소리나 파도 소리처럼 일상 생활에 방해가 되지 않고 마음을 차분하게 만들어 주는 소음을 '백색 소음'이라고 해요. 백색 소음은 마음을 가라앉히거나 무언가에 집중하는 데 도움이 된다고 알려져 있어요. 그래서 공부할 때나 잠자리에 들 때 틀어 놓기도 하지요.

백색 소음은 강아지의 분리 불안을 낮추는 데도 도움이 될 수 있어요. 분리 불안이 있는 강아지 중에는 소리에 민감한 강아지들이 많아요. 차 소리, 오토바이 소리, 경적 소리, 엘리베이터 움직이는 소리 등 바깥에서 들려오는 소리에 두려움을 느끼는 것이지요. 집 안이 조용하면 이런 소리가 더 잘 들리기 때문에 분리 불안이 높아질 수 있어요.

강아지를 혼자 두고 외출할 때는 강아지가 보호자를 기다리는 장소, 예를 들어 현관에 백색 소음을 틀어 두는 게 좋아요. 백색 소음이 밖에서 나는 소리를 덮어 주고 강아지를 진정시켜 줄 수 있답니다.

🐾 외출한다는 신호를 주지 마세요

강아지들은 보호자가 외출한다는 사실을 귀신같이 알아차려요. 보호자가 외출하기 전에 하는 행동을 기억하고 있기 때문이에요. 모자를 쓴다든가, 옷을 갈아입는다든가, 가방을 꺼낸다든가 하는 행동을 보호자가 외출하는 신호로 인식하는 것이지요.

분리 불안이 있는 강아지는 보호자의 외출 신호를 눈치채자마자 불안감에 휩싸여요. 그래서 보호자를 졸졸 쫓아다니며 낑낑대거나 짖고 벌벌 떨기도 하지요. 이렇게 미리부터 불안해하면 보호자가 외출했을 때 그 불안도가 더욱 높아져요. 그러니까 강아지에게 외출한다는 신호를 주지 마세요.

가방처럼 외출할 때 가지고 나가는 물건이 있다면, 외출하기 한두 시간 전에 현관에 갖다 두세요. 그러고는 마치 외출하지 않을 것처럼 평소와 다름없이 행동하는 거예요. 그러면 강아지가 낑낑대다가도 '나가려던 거 아니었나? 아닌가 보네?' 하고 마음을 가라앉힙니다.

옷을 갈아입을 때도 외출하기 한두 시간 전에 미리 갈아입으세요. 그러고는 역시나 평소처럼 행동하는 거예요. 그러면 강아지는 '보호자가 옷을 갈아입는다'와 '보호자가 외출한다'를 연결 짓지 않아 불안하지 않답니다.

🐾 믿음을 주세요

분리 불안을 없애려면 보호자가 반드시 돌아온다는 믿음을 주는 교육이 필요해요. 방법은 간단해요.

먼저 주머니에 강아지 간식을 여러 개 챙기세요. 그런 다음 강아지를 혼자 두고 나갑니다. 강아지가 낑낑거려도 아무 말 하지 말고 일단 나가세요. 그리고 문밖에서 30초 정도 기다리세요. 강아지가 울거나 짖어도 가만히 듣고만 있다가 문을 열고 들어와서 강아지에게 간식 하나를 던져 줍니다. 다른 말은 건네지 말고요.

이렇게 몇 번 반복한 후, 강아지가 조금 나아진 것 같으면 문밖에서 기다리는 시간을 1분으로 늘립니다. 그래도 강아지가 괜찮아 보이면 다음에는 3분, 5분, 10분, 이렇게 시간을 늘려 나갑니다. 단숨에 10분까지 늘리는 것이 아니에요. 강아지의 분리 불안 정도에 따라 10분까지 늘리는 데 며칠이 걸릴 수도 있지요.

나중에는 30분 정도 보호자가 외출했다가 돌아와서 간식을 주는 연습을 하고, 그다음에는 1시간으로 점차 늘려 나갑니다.

이때 강아지가 조금 괜찮아지는 것 같다고 해서 외출 시간을 갑자기 10분에서 1시간으로 훌쩍 늘리면 안 돼요. 분리 불안 교육이 끝나지 않았는데 중간에 긴 외출을 해도 안 되고요. 그러면 지금까지 한 교육이 모두 수포로 돌아가 30초 교육부터 다시 시작해야 한답니다. 모든 교육에는 보호자의 끈기와 인내가 필요해요.

🐾 꾸준한 교육이 가장 중요해요

앞에서 소개한 방법을 한 가지만 쓰지 말고 모두 함께 적용하길 추천합니다.

한 가지 기억할 점은 하루아침에 교육 효과가 나타나지 않는다는 거예요. 강아지에게 분리 불안이 생기는 가장 큰 이유는 '유전' 때문이거든요. 원래 불안이 높은 강아지로 태어난 거예요. 타고난 성질을 없애는 건 결코 쉬운 일이 아니에요. 날마다 분리 불안 교육을 한다고 해도 강아지가 혼자 잘 있으려면 몇 주, 혹은 몇 달이 걸릴 수도 있지요.

그래도 절대 포기하지 마세요. 보호자가 포기하지 않는다면 강아지는 반드시 바뀐답니다.

꾸준한 교육이 가장 중요하다는 점, 절대 잊지 마세요!

10. 처음 산책하는 날: 산책 가기 싫어?

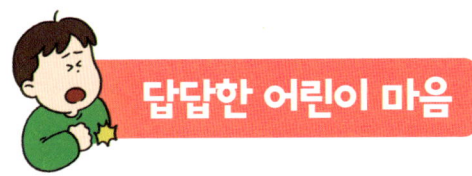
답답한 어린이 마음

그동안 예방 접종이 끝나지 않아서 또리와 산책을 하지 못했어요. 또리는 밖에 무지 나가고 싶어 하는 것 같았어요. 베란다 문을 열어 두면 바깥을 한참 내다보고 킁킁 냄새도 맡았거든요.

그런 또리를 보며 또리랑 산책할 날만 손꼽아 기다렸어요. 산책 줄이랑 목줄, 배변 봉투까지 또리가 우리 집에 오기도 전에 전부 준비해 두었거든요.

그런데 가만 생각해 보니 목줄을 하면 또리 목이 아플 것 같더라고요. 그래서 가슴에 채우는 하네스를 새로 사 왔지요.

하네스를 사서 돌아오는 길에 또리랑 어느 길을 따라 산책하면 좋을지도 살펴보았어요. 또리랑 산책할 생각을 하니까 설레기까지 했지요.

그런데 집에 돌아온 나는 완전히 실망하고 말았어요. 또리한테 하네스를 채워 줬더니 얼어붙은 듯 꼼짝도 안 하지 뭐예요?

아무래도 또리는 산책하기가 싫은가 봐요. 집 밖에 나가는 게 무서운 걸까요? 아직도 나를 못 믿는 걸까요?

알면 보이는 개의 마음

또리랑 산책하는 날을 손꼽아 기다리고 산책길까지 미리 생각해 두었다니, 훌륭한 보호자가 될 자질이 충분하네요.

그런데 실망할 필요 없어요. 또리는 산책을 싫어하는 게 아니니까요. 가족을 못 믿는 것도 아니고요.

처음 하네스를 채우면 또리처럼 얼어붙는 강아지들이 많아요. 으르렁거리는 강아지도 있지요. 이때 강아지가 산책하기 싫어한다고 생각하는 사람들이 많은데 절대 오해랍니다.

강아지는 그저 하네스가 처음이라 어색하고 거북한 거예요. 하네스 구멍에 앞다리도 끼워야 하고, 가슴과 등을 뭔가가 누르거나 조이는 그런 느낌이 영 못마땅한 것이지요.

옷을 한 번도 입지 않고 생활하던 사람이 난생처음 옷을 입게 되었다고 생각해 볼까요? 그 사람의 기분은 어떨까요? 몸에 닿는 옷감이 까슬까슬하고 몸을 옥죄는 옷이 불편하고 답답할 거예요. 하네스를 처음 차는 강아지도 비슷한 기분을 느껴요.

예민하지 않은 강아지는 처음부터 자연스럽게 움직이지만 예민한 강아지는 하네스가 싫다는 표현을 합니다. 또리처럼 말이에요.

하지만 강아지가 싫어한다고 해서 하네스 없이 산책을 나갈 수는 없어요. 그럼 어떻게 해야 할까요? 하네스가 익숙해지도록 만들어 줘야 해요.

강아지에게 하네스를 채운 채 맛있는 간식을 주세요. 냄새만 맡게 해 준 후 조금 멀리 간식을 떨어뜨리는 거예요. 그러면 꼼짝도 하지 않던 강아지가 간식을 먹으려고 천천히 움직일 거예요. 강아지가 계속 움직이도록 간식을 이곳저곳에 떨어뜨려 주세요.

그리고 나서 하네스에 산책 줄을 연결한 후, 산책 줄을 잡은 채 다시 간식을 떨어뜨려 주세요. 밖에 나가기 전에 집 안에서 산책 연습을 해 보는 거지요.

마지막으로 그날 하루는 하네스를 찬 채로 생활하게 하세요. 하네스를 하고 밥도 먹고 가족들과 노는 것이지요. 잘 때는 풀어 주고요.

이렇게 하면 강아지는 점점 하네스에 익숙해지고 하네스를 채워도 자연스럽게 움직일 거예요.

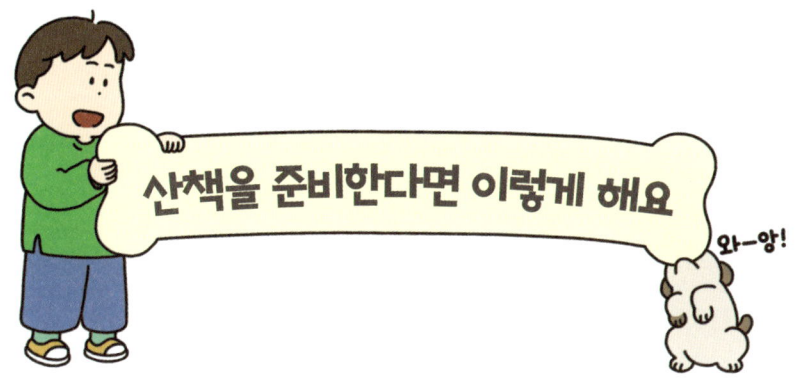

🐾 배변 봉투와 산책 줄 준비하기

강아지를 산책시키려면 기본적으로 하네스 또는 목줄, 산책 줄, 배변 봉투가 필요해요.

간혹 배변 봉투를 깜빡 잊고 챙기지 않는 보호자가 있는데, 그럴 때는 배변 봉투를 산책 줄 옆에 두거나 고리로 걸어 두세요. 산책 줄을 깜빡 잊는 일은 없을 테니까요.

산책 줄은 길이가 2미터를 넘으면 안 돼요. 2022년부터 2미터 이내의 산책 줄만 허용하는 것으로 법이 정해졌거든요. 법을 어기면 50만 원 정도의 과태료가 부과됩니다.

🐾 하네스와 목줄 중 선택하기

하네스와 목줄 중에 무엇을 준비할지 고민이라면 우선은 하네스를 추천합니다. 목줄은 보호자가 산책 줄을 당기면 강아지 목을 조여 강아지가 캑캑거릴 수 있거든요. 목줄 때문에 강아지가 다치지는 않지만 가슴에 채우는 하네스에 비해 불편한 건 사실이에요.

하지만 다음의 두 경우라면 목줄을 추천합니다.

먼저 강아지가 하네스를 유독 싫어하는 경우예요. 주로 옷 입는 걸 극도로 싫어하는 강아지들이 하네스도 싫어하는데요. 이런 강아지들은 하네스를 채우는 보호자에게 으르렁거리고 심하면 보호자의 손을 물기도 합니다. 이때는 굳이 강아지와 씨름하지 말고 하네스 대신 목줄로 바꿔보세요. 목줄은 채우기가 더 간단하고 강아지 몸에 닿는 부분도 훨씬 적어서 좀 더 수월하게 채울 수 있어요.

다음으로 산책할 때 문제 행동을 보이는 강아지는 목줄을 해야 해요. 보호자와 발맞춰 걷지 않고 마구 앞으로 달려 나간다거나, 오토바이가 지나갈 때 뛰어들려고 한다거나, 다른 강아지나 사람을 만나면 달려들듯이 짖는다거나 하는 행동 말이에요. 이런 강아지에게는 만약의 사고를 예방하기 위해 목줄을 채우는 게 좋아요. 목줄을 당기면 강아지가 불편함을 느껴 곧바로 동작을 멈추거든요.

🐾 하네스 또는 목줄 알맞게 조절하기

하네스나 목줄이 헐거우면 산책하다가 벗겨질 수 있어요. 집에서는 절대 벗겨질 것 같지 않아 보여도 밖에서 강아지가 흥분하면 훌러덩 벗겨지기도 하지요. 흥분한 강아지는 와다닥 뛰고, 콩콩 뛰어오르고, 버둥대며 달려드니까요. 하네스나 목줄이 벗겨지면 우리 강아지가 다칠 수도 있고, 우리 강아지 때문에 다른 사람이 다칠 수도 있어요.

 이런 사고를 예방하려면 하네스나 목줄을 맨 처음 채울 때, 강아지 몸에 딱 맞는지 확인해야 해요. 그렇다고 너무 꽉 조이면 강아지 몸에 상처가 나니까 알맞은 길이로 조절해 주세요. 손가락 두 개 정도가 들어갈 만큼 공간이 남으면 됩니다.

산책길 미리 정해 두기

 발길 닿는 대로 가 보자는 마음으로 무작정 강아지와의 첫 산책에 임하기보다는, 우리 강아지와 산책할 길을 미리 정해 두는 게 좋아요. 특히 도시에 사는 강아지와 산책할 때는 산책길을 미리 정해 두는 것이 사고를 예방할 수 있지요. 강아지한테도 더욱 즐거운 산책이 될 거고요.

 강아지 산책길은 차나 오토바이가 많이 다니지 않는 길이 좋아요. 특히 어린 강아지들은 움직이는 물체를 보면 흥분하고 달려드는 습성이 있어서 더욱 주의해야 하지요. 또한 산책길에는 강아지가 실컷 냄새도 맡고 똥오줌도 눌 만한 화단이나 풀밭이 있는 게 좋아요.

11. 나가면 흥분하는 강아지: 산책하기 힘들어!

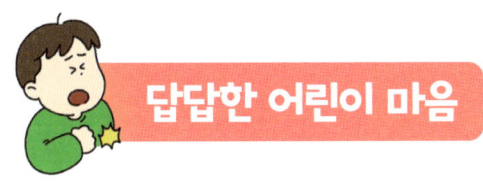

답답한 어린이 마음

또리가 하네스도 잘 차고 산책도 좋아하게 되었어요. 그런데 다른 문제가 생겼어요. 현관문을 나서면서부터 헉헉대며 엄청 흥분하고, 밖에 나가자마자 이쪽저쪽으로 달려 나가거든요. 그래서 산책할 때마다 또리한테 질질 끌려다니게 돼요.

또리가 길고양이를 보고 갑자기 달려가는 바람에 내가 넘어진 적도 있어요. 산책 줄을 놓치지 않으려다가 고꾸라지고 말았지요.

엄마는 내 무릎이 까진 걸 보고 앞으로는 꼭 셋이서 같이 나가자고 했어요. 내가 또 다칠 수도 있고, 또리가 다칠 수도 있다고요. 그런데 엄마도 또리랑 산책하는 걸 힘들어해요. 또리 때문에 정신이 하나도 없대요.

또리는 왜 산책 나갈 때마다 흥분하는 걸까요? 너무 신이 나서 그런 걸까요? 성격이 너무 활달해서 그런 걸까요? 힘이 넘쳐서 그런 걸까요? 커 갈수록 힘이 더 세질 텐데 어떻게 같이 산책하죠?

날마다 산책시키기로 약속했는데 과연 약속을 잘 지킬 수 있을까요? 꼭 지키고 싶은데…….

 ## 알면 보이는 개의 마음

또리가 산책을 몹시 좋아하는 것 같네요. 하지만 너무 흥분하는 습관은 고쳐 줘야 해요. 보호자와 또리 모두에게 즐겁고 편안한 산책이 될 수 있도록 말이에요. 더 중요한 건 보호자와 또리의 안전이고요.

"산책 가자!" 하고 말했을 때 강아지가 와다닥 달려와서 꼬리를 흔들면 보호자는 흐뭇할 거예요. 강아지가 기뻐하니까 뿌듯함도 느낄 거고요. 놀이터 가자는 말에 여러분이 "와! 신난다!" 하고 소리칠 때 엄마 아빠가 느끼는 기분과 비슷할 거예요.

하지만 여러분이 너무 신난 나머지 껑충껑충 뛰어다니면 어떨까요? 엄마 아빠가 진정을 시키겠지요? 강아지도 마찬가지예요. 나가기 전부터 너무 흥분한다면 보호자가 진정을 시켜야 해요.

진정시키지 않으면 강아지의 흥분도는 점점 더 높아집니다. 그러면 제대로 된 산책을 할 수 없어요. 보호자도 힘들지만 강아지도 산책을 즐기지 못하지요. 강아지가 즐거워서 이리저리 왔다 갔다 하는 게 아니거든요. 흥분도가 너무 높아진 나머지 불안해서 그러는 것이지요.

강아지에게 즐거운 산책이란 코를 많이 쓰는 산책이에요. 즉 냄새를 많이 맡는 산책이지요. 코를 쓰면 스트레스도 풀리고 재미도 느끼거든요.

하지만 흥분한 강아지는 코가 아니라 눈을 많이 쓰게 돼요. 신경이 곤두서서 냄새를 맡을 여유가 없는 거예요. 눈으로 사방을 살피다 움직이는 것을 보면 자기도 모르게 쫓아가지요. 이렇게 산책하는 강아지는 즐거움보다 불안함을 더 많이 느껴요. 불안해서 하는 행동 때문에 더 불안해지는 것이지요. 그러니 또리를 위해서라도 또리에게 산책 교육을 하는 게 좋을 것 같아요.

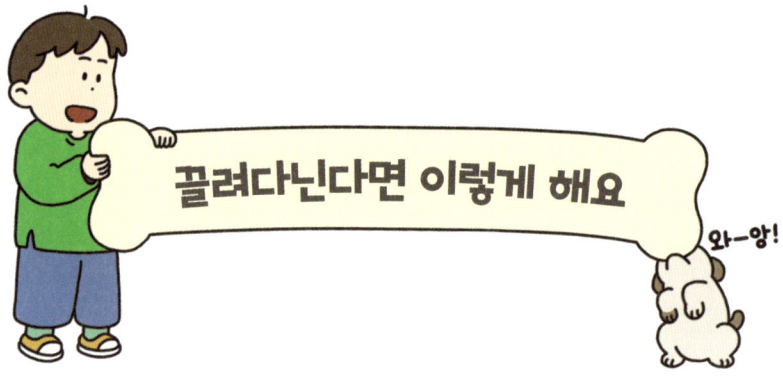

🐾 집 안에서 산책 연습하기

강아지 산책 교육의 1단계는 산책 줄을 맨 채 집 안에서 산책 연습을 하는 거예요. 보호자와 발을 맞춰 걸으며 보호자의 지시에 따르는 연습이지요.

먼저 보호자가 산책 줄을 잡은 채 천천히 앞으로 걸어가세요. 강아지가 보호자를 앞서가려고 하면 그 자리에 서서 산책 줄을 당기세요. 강아지가 고집을 부리더라도 가만히 서서 기다리세요. 잠시 후 강아지가 몸에 힘을 빼고 동작을 멈추면 다시 걸어가세요.

직선으로 걷다가 방향을 바꾸는 연습도 하세요. 강아지가 보호자를 따라 방향을 바꾸지 않으면 그 자리에 서서 산책 줄을 당기세요. 이때도 똑같이 강아지가 고집을 부리더라도 가만히 서서 기다리세요. 잠시 후 강아지가 보호자 쪽으로 와 멈추면 다시 걸어가세요.

강아지가 고집을 부리지 않고 보호자가 이끄는 대로 잘 따라올 때까지 이 교육을 반복합니다.

🐾 현관에서 앉게 하기

강아지가 현관에서부터 헉헉거리며 흥분한다면 문을 열지 말고 먼저 강아지를 진정시키세요. 산책 줄을 짧게 잡은 채 위로 살짝 당기며 "앉아!"라고 명령하세요. 그리고 강아지가 앉을 때까지 아무 말 없이 꼿꼿하게 서서 기다립니다. 보호자가 꼼짝하지 않으면 강아지는 눈치를 보다가 슬며시 자리에 앉을 거예요.

강아지가 자리에 앉으면 현관문을 살짝만 열어 보세요. 이때 강아지가 또 흥분한다면 방금 전에 한 그대로 다시 강아지를 앉게 합니다. 그리고 강아지가 진정하면 문을 열고 나가세요.

번거롭더라도 한동안 나갈 때마다 현관에서 이렇게 교육하면 나중에는 강아지가 얌전한 모습으로 집을 나서게 될 거예요.

🐾 안고 이동하기

강아지와 엘리베이터에 탈 때는 강아지를 안고 타세요. 그리고 안은 채로 건물 밖까지 나오는 게 좋습니다. 엘리베이터나 사람들이 많이 오가는 곳에서 강아지가 흥분하면 사고가 날 수 있으니까요.

강아지가 너무 무거워서 안을 수 없다면 하네스에 손이 닿을 만큼 산책 줄을 아주 짧게 잡고 이동하세요. 엘리베이터 안에서는 산책 줄을 짧게 잡은 채 강아지를 구석에 앉히고 보호자가 바로 옆에 앉아 있는 게 안전하답니다.

🐾 산책 기본 교육하기

이제 한적한 장소를 골라 강아지에게 산책 기본 교육을 시킵니다. 집 안에서 연습한 것처럼 강아지가 보호자와 발을 맞춰 걷고 보호자의 지시에 따르게 하는 거예요.

집 안에서 했던 방법과 같은 방법으로 연습하되, 산책 줄을 집에서보다 짧게 잡으세요. 그리고 강아지에게 "안 돼." 신호를 줄 때는 산책 줄을 위로 당기세요. 강아지 상체가 살짝 들릴 정도로 당겼다가 바로 내려 주면 됩니다.

이 교육을 반복하면 제멋대로 뛰어다니던 강아지가 점차 보호자와 교감하며 산책하게 될 거예요. 흥분해서 헉헉거리는 모습도 어느새 사라질 거고요.

🐾 보호자에게 집중하도록 만들기

기본 교육이 잘 이루어졌다면 긴 산책에 나서 보세요. 강아지가 보호자 옆에서 걷게 하다가 배변하기 좋은 곳이 보이면 산책 줄을 길게 잡은 채 강아지에게 자유 시간을 주세요. 실컷 냄새도 맡고 똥오줌도 눌 수 있는 시간을 주는 거예요.

그 자리를 떠나고 싶을 때는 강아지의 이름을 부르고, 강아지가 보호자에게 다가오면 간식을 하나 주세요.

이 교육을 반복하면 강아지는 다른 데 신경을 팔고 있다가도 보호자가 이름을 부르면 곧바로 보호자에게 집중할 거예요.

12. 발 닦기 싫어하는 강아지: 왜 으르렁거려?

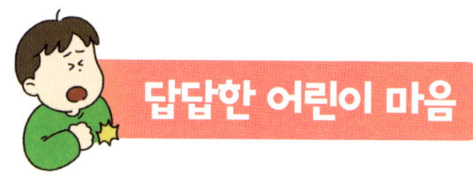

답답한 어린이 마음

평소에는 또리가 너무너무 귀여운데 발 닦을 때는 무서워요. 산책을 다녀와서 발을 닦아 주려고 하면 이빨을 드러내고 으르렁대거든요.

산책할 때는 마냥 즐거워하다가 집에 돌아와서 사납게 돌변하는 모습을 보면, 또리가 두 얼굴을 가진 것만 같다니까요. 아니, 세 얼굴을 가진 것 같아요. 으르렁거리기 전에 늘 하품을 하거든요. 나도 축구하고 오면 졸리거든요? 또리도 실컷 산책하고 오면 졸리고 피곤한 건 이해가 가요. 그런데 하품하다가 갑자기 사납게 구는 건 도무지 이해가 되지 않아요. 게다가 발 닦고 나면 쪼르르 자기 방석으로 가서 낮잠을 잔다니까요. 진짜 휙휙 변하지 않나요?

엄마는 또리가 나를 물까 봐 걱정하지만 나는 엄마가 또리 발을 닦아 주다가 물릴까 봐 조마조마해요. 또리가 물면 엄마가 또리를 미워할 테니까요. 그러면 엄마를 사랑하는 아빠도, 나도 또리가 미워질 테고요.

앞으로 또리 목욕도 시켜야 하는데 발도 못 닦게 하니 어쩌면 좋을까요?

 **알면 보이는 개의 마음**

또리가 가족에게 미움받게 될까 봐 걱정하는 어린이의 마음이 참 와닿아요. 빨리 고민을 해결하도록 도움을 주고 싶네요.

우선 또리가 하품하는 것에 대해 얘기해 볼게요. 강아지는 여러 가지 상황에서 하품을 해요. 흥분한 다른 강아지들을 진정시키려고 하품하기도 하고, 말다툼하는 가족을 진정시키려고 하품하기도 하지요.

또한 스스로 진정하기 위해 하품하기도 합니다. 사람들은 스트레스를 받았을 때 마음을 가라앉히려고 심호흡을 하곤 하지요? 강아지들은 심호흡 대신 하품을 하는 거예요.

누군가 자신을 너무 세게 안거나 번쩍 들어 올릴 때, 동물병원에서 진료를 받거나 주사를 맞을 때, 보호자가 발을 닦으려 하거나 빗질을 할 때 같은 상황에서 하품하는 강아지를 흔히 볼 수 있답니다.

강아지는 하품을 함으로써 마음을 진정시키고 스트레스 받는 상황을 견디는데요. 똑같은 상황이 계속 반복되면 적응되어 스트레스를 덜 받기도 합니다. 그런데 반대의 경우도 있어요. 똑같은 상황이 계속 반복되면 점점 더 스트레스를 받는 것이지요. 이 경우에는 강아지가 하품에 이어 적극적으로 싫다는 표현을 해요. 으르렁거리거나 낑낑대거나 "멍!" 하고 짧게 짖는 것이지요.

싫다는 표현을 여러 번 했는데도 불구하고 보호자가 알아주지 않으면 급기야 보호자를 물기도 합니다. "더는 못 참아!"라고 화를 내는 거예요.

어떤 이유에서든 절대 무는 행동을 허용하면 안 됩니다. 하지만 또리처럼 발 닦기 싫다는 이유로 으르렁거리는 단계에서는 보호자가 강아지의 스트레스에 신경을 써 줄 필요가 있어요. 무는 단계로 넘어가기 전에 말이에요.

모든 강아지는 발 닦는 걸 싫어해요. 발 닦기를 잘 참는 강아지와 못 참는 강아지가 있을 뿐이지요. 그래서 강아지는 자꾸 자기 발을 닦으려는 보호자를 보고 이렇게 생각합니다.

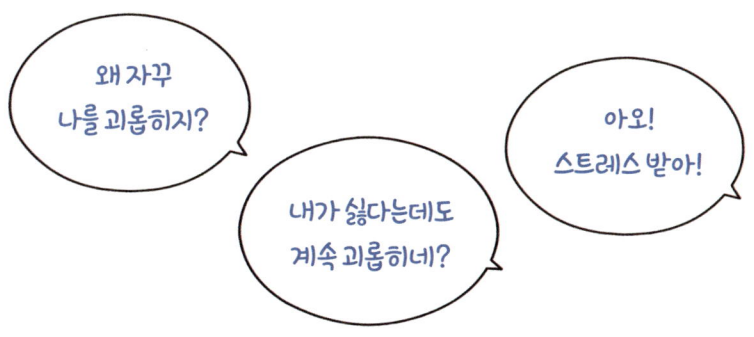

강아지는 점점 더 스트레스를 받고 보호자를 원망하게 되지요. 그러기 전에 강아지가 발 닦는 데 익숙해지도록 만들어야 해요.

물로 발을 닦으면 말리기까지 해야 하니까 강아지가 더 싫어할 거예요. 그러니 물티슈처럼 금방 닦을 수 있는 것을 준비하세요.

그리고 한꺼번에 네 발을 다 닦아야 한다는 생각을 버리세요. 발을 닦다가 강아지가 으르렁거리면 멈추는 거예요. 그리고 강아지가 얌전해지면 다시 발을 닦아 주세요. 그렇게 멈췄다가 다시 닦기를 반복하면서 한 발씩 차근차근 닦는 거예요.

발을 닦는 동안 강아지에게 간식을 주는 것도 좋아요. 그러면 강아지는 발 닦을 때의 불편함보다 간식을 먹는 즐거움을 더 기억하게 되지요. 강아지가 발 닦는 데 익숙해질 때까지 이 방법을 꾸준히 써 보세요.

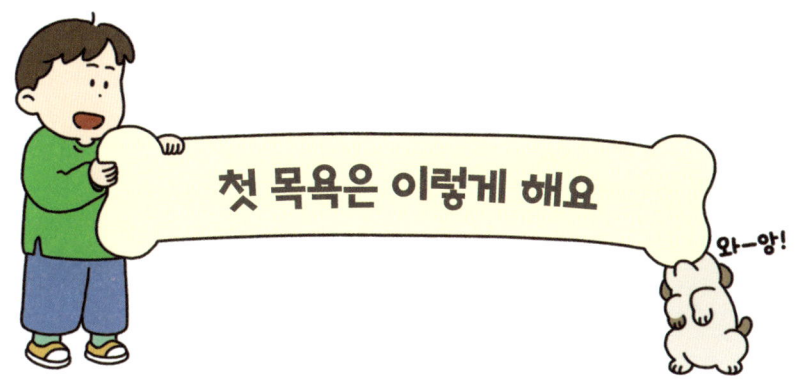

🐾 욕실에 스스로 들어오게 만들기

목욕을 시키기 위해 강아지를 억지로 욕실에 데려가는 것보다 강아지가 욕실에 스스로 들어오게 만드는 것이 좋습니다.

그러려면 강아지가 욕실을 좋아하게 만들어야 하는데요. 욕실과 간식을 연결해 주면 됩니다.

먼저 보호자가 강아지에게 간식을 보여 준 후 욕실로 들어가세요. 강아지가 욕실 앞까지 따라오면 욕실 안에 간식을 떨어뜨립니다. 강아지가 욕실로 들어와 간식을 먹으면 다시 밖으로 나갔다가 방금 전의 행동을 반복하세요. 강아지가 욕실을 들락날락하며 간식을 먹게 해 주는 거예요. 그러면 강아지는 욕실에 대한 거부감을 갖지 않게 됩니다.

🐾 물에 익숙해지도록 만들기

강아지가 욕실에 익숙해졌다면 목욕물에 익숙해지도록 만들 차례입니다.

　샤워기를 졸졸 틀어 바닥에 엎어 놓은 후 간식을 떨어뜨려 주세요. 강아지가 물소리 나는 곳에서 간식을 먹게 하는 거예요. 그러고 나서 물이 흐르는 곳에도 간식을 떨어뜨려 주세요. 간식이 물에 젖어도 상관없으니 여러 개를 떨어뜨려 주세요. 강아지가 간식을 먹기 위해 물을 밟으면서 물에 대한 두려움을 없애는 것이지요.

　마지막으로 욕실 바닥에 간식을 여러 개 뿌려 둔 후, 강아지가 먹는 동안 강아지 몸에 샤워기로 물을 뿌려 보세요. 세게 틀지 말고 살살 틀어요. 강아지가 도망가면 멈췄다가 다시 시도해 보세요. 강아지가 몸에 물이 닿아도 놀라지 않도록 만드는 거예요.

🐾 목욕시키기

　강아지 목욕시키는 방법을 알아볼까요?

　강아지 털이 길거나 곱슬곱슬하다면 목욕하기 전에 빗질을 먼저 해 주세요. 그러지 않으면 목욕하는 동안 털이 더 엉켜서 씻기고 말리는 데 시간이 오래 걸리거든요.

　물 온도는 37도 정도가 적당해요. 사람에게 따뜻하다고 느껴지는 정도면 알맞은 온도입니다.

샤워기를 이용할 때는 물을 너무 세게 틀지 마세요. 강아지가 놀랄 수 있으니까요. 강아지가 샤워기를 너무 싫어한다면 대야와 바가지를 준비한 후 물을 받아서 씻겨 보세요.

이제 본격적으로 씻겨 볼까요?

강아지 몸에 물을 묻힌 후 강아지용 샴푸로 문질러 줍니다. 그러고 나서 거품이 남지 않을 때까지 충분히 헹궈 주세요. 강아지는 눈, 코, 귀에 물이 들어가는 걸 아주 싫어하니까 얼굴을 마지막에 씻기는 게 좋아요.

얼굴은 손으로 물을 살살 끼얹은 후 엄지손가락으로 비비면서 씻기면 돼요. 귀에 물이 들어갈까 봐 걱정하는 보호자들이 많은데 귓병이 없는 상태라면 크게 걱정하지 않아도 됩니다. 강아지가 스스로 머리를 흔들어서 귀에 들어간 물을 털어 내거든요. 그것만으로도 귓속에 있는 물이 충분히 빠져나온답니다.

🐾 털 말리기

목욕이 끝났다면 커다란 수건으로 강아지 몸을 감싼 후 꾹꾹 눌러 가며 물기를 없애 주세요. 털이 짧은 강아지는 수건으로 닦아 주기만 해도 금세 물기가 마르니 따로 말려 줄 필요가 없어요. 하지만 털이 긴 강아지는 바람으로 한 번 더 말려 주어야 해요. 털을 바짝 말리지 않으면 피부가 습해져서 피부병에 걸릴 수 있거든요.

　드라이기를 이용해 강아지 털을 말릴 때는 강아지가 화상을 입지 않도록 조심해야 해요. 찬바람으로 말리거나 수건 사이로 바람을 쐬어 주세요. 만약 선풍기를 이용해 털을 말릴 때는 집 안에 털이 심하게 날릴 수 있으니 털 청소에 신경 써 주세요.

🐾 강아지 목욕은 얼마나 자주 시켜야 할까요?

　강아지 목욕 주기는 2~3주에 1회가 적당합니다. 목욕을 너무 자주 하면 강아지 피부가 약해져서 세균에 감염될 수 있어요. 그러면 피부병에 걸리기 쉽지요. 그러니까 산책하다가 이물질이 묻었다면 그 부분만 닦아 주고 목욕은 너무 자주 시키지 마세요.

13. 다른 개를 피하는 강아지: 친구 사귀기 싫어?

답답한 어린이 마음

 친구네 개 요요는 열여섯 살인데 사람 나이로 치면 백 살도 넘은 거래요. 친구가 그러는데요, 원래 늙은 개는 강아지를 싫어한대요. 발발거리는 게 귀찮아서요. 그런데 요요는 신기하게 어린 강아지를 좋아해서 만나면 얼굴을 핥아 주기도 한다더라고요.

 그 말을 듣고 또리랑 요요를 만나게 해 주면 좋겠다고 생각했어요. 또리는 아직 친구를 못 사귀었거든요. 산책 나가면 내가 먼저 다른 개들을 피해 다녔어요. 다른 개들이 나이 어린 또리를 만만하게 볼 것 같아서요. 그런데 요요라면 또리를 만만하게 보지 않을 것 같았어요. 아니나 다를까, 요요는 또리를 보자마자 꼬리 치며 달려왔어요. 또리랑 놀고 싶어 하는 것 같았어요. 그런데 또리는 그런 요요를 무시했어요. 뒤돌아 앉은 채 고개를 돌려 버리더라고요. 요요가 다가와서 냄새를 맡는데도 꼼짝하지 않았지요.

이러면서 심통을 부리는 것처럼 보였어요.

요요의 인사를 받아 주기는커녕 심통을 부리다니 또리가 너무 예의 없이 굴지 않았나요?

또리도 요요처럼 다른 개들과 사이좋게 지냈으면 좋겠어요. 내 친구 중에 강아지 키우는 애들이 많아서 나중에 다 같이 반려견 운동장에 놀러 가기로 했거든요.

그런데 이 상태로 놀러 갔다가는 또리가 외톨이가 될 것 같아요. 어떻게 하면 우리 또리가 외톨이가 되지 않을까요?

알면 보이는 개의 마음

또리는 절대 외톨이가 아니에요. 또리를 사랑하고 돌봐 주는 가족이 있잖아요.

사람들은 외톨이가 되지 않으려고 친구도 사귀고 사람들과 어울려 지내지만 개는 그렇지 않아요. 다른 개들과 어울리고 싶어 하는 개도 있지만 가족이랑만 놀고 싶어 하는 개도 많답니다. 가족만 있다면 외톨이라고 생각하지 않으니까요.

다른 개와 인사하기 싫어하는 것은 문제 행동이 아니에요. 그저 그 개의 성격이지요. 그런데 보호자가 자기 성격은 몰라주고 자꾸 친구를 사귀라고 하면 어떨까요? 보호자를 신뢰하지 못하게 될 거예요. 보호자가 자꾸 하고 싶지 않은 일을 시키니까요.

친구들과 반려견 운동장에 같이 놀러 가기로 했다고요? 그건 또리를 위한 결정이었나요 아니면 본인을 위한 결정이었나요? 곰곰이 생각해 보세요.

좋은 보호자가 되려면 내 개의 성격을 알고 개가 싫어하는 행동은 하지 말아야 해요.

개가 원하는 걸 다 들어주라는 뜻이 아니에요. 내 개가 공공장소에서 남에게 피해를 주는 행동을 하면 못 하게 막아야 하고, 가족을 괴롭히는 행동을 하면 올바른 행동을 가르쳐야 하지요. 하지만 나의 즐거움을 위해 개가 싫어하는 걸 억지로 시키지는 말라는 뜻이에요.

다른 개와 인사시키는 것도 그중 하나예요. 친구 사귀는 걸 싫어하는데 억지로 인사를 시켰다가는 개들 사이에 싸움이 날 수도 있어요. 그러니까 내 개가 친구 사귀기를 싫어한다면 다른 개를 피해서 산책하는 게 좋아요.

그런데 또리가 친구 사귀기를 싫어하는지 판단하기에는 아직 이른 것 같아요. 요요밖에 만나 보지 못했으니까요. 혹시 요요가 또리를 보자마자 곧장 달려왔나요? 그랬다면 또리가 고개를 돌리고 뒤돌아 앉은 것이 이해가 돼요. 그건 이런 뜻이거든요.

> 그렇게 달려들면 무서워.
> 좀 천천히 다가와 줄래?

또리가 요요를 불편하게 여긴 거예요. 친구랑 제대로 인사할 줄 아는 개들은 다른 개를 만났을 때 정면으로 다가가지 않아요. 빙 돌아서 천천히 다가가지요. 상대 개를 안심시키려는 본능적인 행동이랍니다.

또한 제대로 인사할 줄 아는 개들은 상대 개가 고개를 돌리거나 뒤돌아 앉으면 다가가기를 멈춰요. 그리고 그 자리에 엎드리기도 하지요.

> 안심해,
> 나 사나운 개 아니야.
> 네가 인사할 마음이 들 때까지
> 여기서 기다릴게.

이런 뜻으로 엎드리는 거예요.

요요는 친구를 좋아하기는 하지만 친구랑 제대로 인사하는 방법은 모르는 것 같아요. 또리는 제대로 인사하지 않는 개를 불편해하는 것 같고요.

그러니까 다음에 또리랑 나가서 요요를 만나면 눈인사만 하고 요요를 지나쳐 가세요. 친구에게도 요요가 또리한테 달려오지 못하도록 잡아 달라고 미리 부탁해 놓고요.

그렇게 그냥 지나치기를 반복하면 또리도 요요를 '아는 개' 정도로 인식하게 될 거예요. 그리고 더 시간이 흐르면 또리가 요요와 인사를 나눌지도 몰라요.

또리처럼 이제 막 다른 개를 만나기 시작한 경우에는 예의 바른 개부터 만나게 해 주는 것이 좋아요. 친구 사귀는 법을 제대로 아는 개 말이에요. 좋은 친구를 사귀어 봐야 친구랑 노는 게 재미있다는 걸 알게 될 테니까요.

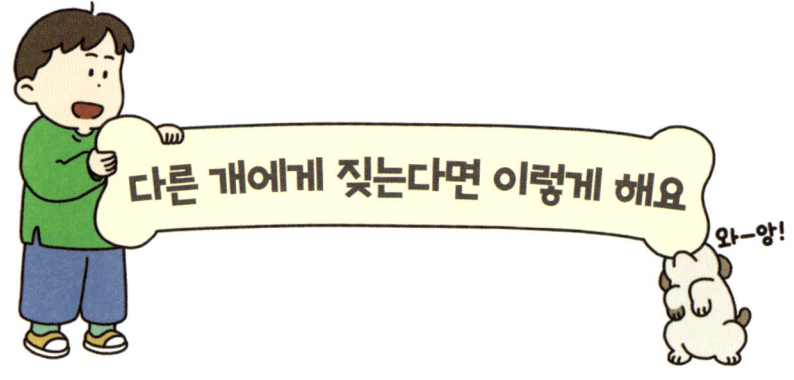

🐾 왜 짖을까요?

  산책하다가 다른 개를 발견하면 마구 짖는 개들이 있어요. 상대 개가 시야에서 사라져도 계속해서 짖는 개들도 있지요. 흥분이 가라앉지 않아서 그래요. 왜 다른 개를 보면 짖고 흥분하는 걸까요? 이유는 크게 세 가지가 있어요.

  첫 번째 이유는 같이 놀고 싶어서 짖는 거예요.

  이런 개들은 이런 뜻으로 짖어요.

  상대의 뜻은 묻지도 않고 무턱대고 놀자는 것이지요.

이때 상대 개는 어떤 마음이 들까요? 같이 놀고 싶을까요? 여러분이라면 저렇게 말하는 친구랑 같이 놀고 싶겠어요? 오히려 피하고 싶겠지요? 개들도 마찬가지예요.

그렇기 때문에 우리 개가 다른 개를 너무 좋아해서 짖는다고 해도 못하게 막아야 해요.

"우리 개가 너랑 친구하고 싶어서 그러는 거야. 나쁜 개는 아니란다." 하면서 짖는 개를 다른 개 가까이 데려가면 안 돼요. 그건 내 개만 생각하고 남의 개는 배려하지 않는 행동이랍니다.

두 번째 이유는 무서워서 짖는 거예요.

이런 개들은 이런 뜻으로 짖어요.

다른 개에게 공격받은 경험이 있거나 예민한 성격을 가진 개가 이런 이유로 짖곤 합니다.

그런데 이때 보호자가 "왜 그래? 친구잖아. 친구한테 짖으면 안 되는 거야." 하면서 달래면 어떨까요? '무서워 죽겠는데 친구라니!'와 같이 개 입장에서는 말도 안 되는 소리지요.

　반대로 보호자가 "안 돼! 조용히 해!" 하면서 혼을 내면 어떨까요? '저 개 때문에 내 보호자가 화났어!' 하고 개 입장에서는 더 크게 짖어서 저 개를 쫓아내고 싶겠지요.

　그러니까 우리 개가 짖을 때 보호자는 개를 데리고 얼른 그 자리를 떠나는 게 좋아요. 아무 말도 하지 말고요. 개가 흥분했을 때는 보호자가 무슨 말을 하든 개를 더욱 흥분시킬 뿐이거든요.

　다른 개를 무서워하는 개에게 친구를 만들어 주고 싶다면 얌전하고 소극적인 개를 만나게 해 주세요. 그래야 덜 무서워할 테니까요. 그리고 친구를 여럿 소개해 주려는 욕심은 버리세요. 한두 마리 정도의 개를 자주 만나는 것이 맞는 방법이랍니다.

　세 번째 이유는 공격하고 싶어서 짖는 거예요.

　이런 개들은 이런 뜻으로 짖어요.

> 너 꼼짝 마!
> 내가 물어 버릴 거야!
> 으아! 개만 보면
> 성질이 나!

이런 개들은 절대로 다른 개와 마주치게 하면 안 됩니다. 자신이 없다면 개에게 입마개를 씌운 채 산책해야 해요. 개에게 끌려다니는 보호자가 산책시켜서는 안 되고요. 아무리 조심한다고 해도 순식간에 사고가 일어날 수 있으니까요.

이렇게 사나운 성격을 가진 개는 보호자가 교육하기 어려워요. 우리 개가 누군가를 해치기 전에 하루빨리 전문 훈련사를 만나 보세요.

14. 곳곳에 오줌 싸는 강아지: 왜 거기에 싸니!

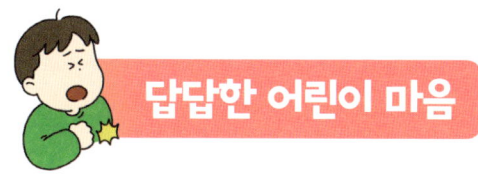
답답한 어린이 마음

오늘 아침에 또리가 사고를 쳤어요. 30분 동안 세 군데나 오줌을 쌌지요. 원래는 배변 패드에 잘 쌌는데 며칠 전부터 집 안 여기저기 오줌을 누기 시작한 거예요.

똥은 꼬박꼬박 배변 패드에 싸는 걸 보면 배변 패드를 까먹은 것도 아니에요. 오줌도 가끔은 배변 패드에 싸거든요. 그래서 또리 행동이 도무지 이해가 되지 않아요.

또리 때문에 엄마가 청소를 엄청 열심히 하세요. 걸레로 닦고, 탈취제를 뿌린 다음 마른 걸레로 또 닦고……. 엄마는 청소하면서 "내가 또리 때문에 못살겠다, 정말!"이라고 짜증 섞인 혼잣말도 종종 하세요. 그럴 때면 내가 오줌을 싼 것도 아닌데 엄마 눈치가 보여요.

그런데 아빠는 눈치가 정말 없는 것 같아요. 엄마는 또리 때문에 못살겠다는데 아빠는 또리가 어려서 그런 거니까 크면 나아질 거라고 허허 웃기만 하거든요.

아빠가 웃을 때마다 엄마는 아빠를 흘겨봐요. 오줌 청소를 도와주지는 못할망정 사고 친 또리 편을 든다고요. 아빠가 또리한테 너무 오냐오냐해서 또리 버릇이 안 좋아졌다고 화도 내세요.

또리가 아무 데나 오줌 싸는 것도 문제지만 또리 때문에 엄마 아빠 사이가 나빠지는 것도 문제예요.

우리 집의 평화를 위해서라도 내가 나서서 오줌싸개 또리를 교육해야겠어요. 방법을 알려 주세요.

알면 보이는 개의 마음

또리가 하는 행동은 배변 실수가 아니라 실내 마킹 같아요. '마킹'은 영역 표시라는 뜻이에요. "여기는 내 구역이야."라는 뜻으로 오줌을 누는 것이지요.

자존감이 높고 고집이 센 강아지들이 산책할 때 마킹을 많이 해요. 오줌 냄새를 뿌려서 "이 동네는 내 동네다!" 하고 소문을 내는 것이지요. 다른 강아지의 오줌 냄새가 나는 곳에 마킹을 특히 더 많이 하는데요. 이것은 다른 강아지의 냄새를 자기 냄새로 덮는 행동이에요. 오줌이나 똥을 눈 후에 뒷발질을 하는 것도 자기 냄새를 더 멀리 퍼뜨리려는 행동이고요. 자기 냄새가 나는 곳까지는 몽땅 자기 영역이라는 뜻이지요.

그런데 이미 자기 영역인 집 안에서 왜 마킹을 할까요?

개들이 실내 마킹을 하는 이유에는 여러 가지가 있지만 또리의 경우에는 불안해서 그런 것 같아요. 개들은 영역 표시를 하려고 마킹할 때도 있지만 불안한 마음을 해소하려고 마킹할 때도 있거든요. 주변을 자기 냄새로 덮어 안정감을 느끼는 것이지요.

어떤 이유에서인지 모르겠지만 또리가 처음에는 불안한 마음에 마킹을 한 것 같아요. 그런데 이때 엄마한테 크게 혼이 났다면 또리는 숨어서 마킹을 하게 되었을 거예요. 엄마가 안 볼 때 자리를 바꿔 가며 마킹을 했겠지요. 또한 오줌 누는 행동 자체를 보호자가 싫어하는 줄 알고, 마킹뿐 아니라 오줌도 숨어서 누게 되었을 거예요. 그래서 배변 패드에 쌌다가, 안 쌌다가 했을 거고요.

점점 심해지는 또리의 실내 마킹 습관을 어떻게 고쳐 주어야 할까요?

우선은 오줌 냄새를 깨끗이 없애야 해요. 개들은 자기 오줌 냄새가 나는 곳에 계속 오줌을 누니까요. 오줌 냄새를 없앨 때는 전문 탈취제를 사용하는 게 좋아요. 개들은 후각이 뛰어나서 아무리 닦아 내더라도 오줌 냄새를 귀신같이 알아채거든요.

오줌 냄새를 없앤 후에는 또리가 자주 마킹하던 곳에서 간식을 줘 보세요. 개들은 보통 밥 먹는 자리에서 배변을 하지 않아요. 그러니까 또리가 마킹하던 자리를 밥 먹는 자리로 인식하도록 여러 날 동안, 반복해서 간식을 주세요.

이렇게 교육하는 동안 또리가 실내 마킹을 하더라도 혼내지 마세요. 말없이 오줌을 치우거나, 단호하게 "안 돼!" 정도로만 짧게 말하세요.

강아지를 교육할 때는 감정이 드러나지 않는 목소리와 표정으로 단호한 태도를 보여 주는 것이 가장 좋아요. 행동으로 가르칠 때는 말을 하지 말아야 하고, 말로 가르칠 때는 짧고 명료하게 말해야 하지요.

    마지막 방법은 산책을 짧게라도 더 자주 하는 거예요. 밖에서 실컷 오줌을 싸면 집 안에서 오줌을 덜 싸니까요.

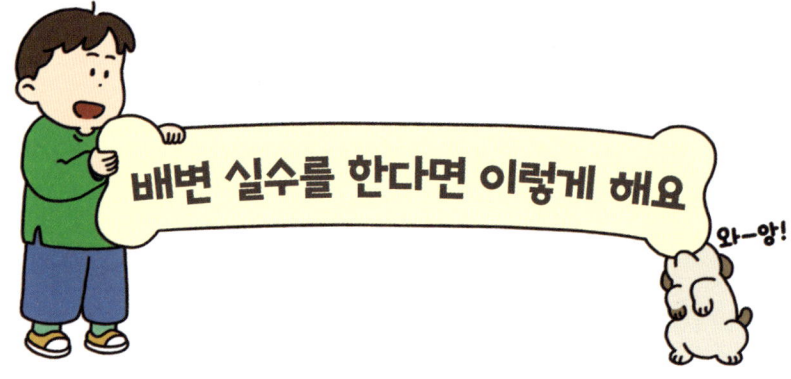

배변 패드를 살펴보세요

평소 배변 패드 위에 오줌을 잘 누던 개가 어느 날부터인가 자꾸 다른 곳에 오줌을 싼다면 어떻게 해야 할까요? 방법을 찾아보기 전에 원인을 먼저 알아봐야 합니다.

우선 배변 패드를 살펴보세요.

배변 패드가 더럽지 않나요?

개들은 깨끗한 곳에 배변하고 싶어 해요. 개들이 배변하는 모습을 보면 자기 발에 똥오줌이 묻지 않게 하려고 애쓰는 것을 볼 수 있어요. 그래서 배변 패드에 그전에 싼 오줌이 남아 있으면 다른 곳에 오줌을 누기도 하지요. 따라서 배변 실수를 막으려면 배변 패드를 자주 갈아 주어야 해요.

배변 패드가 작지 않나요?

배변 패드가 너무 작으면 개들이 배변 패드에 배변하기를 힘들어할 수 있어요. 배변 패드는 강아지 몸집에 딱 맞는 것보다 훨씬 더 큰 것이 좋지요. 큰 배변 패드를 사용하는 것이 낭비라고 여겨진다면 커다란 배변 패드 위에 작은 배변 패드를 포개 두었다가 작은 배변 패드만 갈아 주는 것도 좋은 방법이에요.

배변 패드가 미끄럽지 않나요?

개들은 보통 배변하기 전에 배변 패드 위에서 빙글빙글 돌며 자리를 잡는데요. 이때 배변 패드가 미끄러지기 쉬워요. 배변 패드가 미끄러질 때 깜짝 놀란 개들은 다음부터 배변 패드에 올라가기 싫어해요. 그래서 다른 곳에 배변을 하게 되지요. 그러니 배변 패드가 미끄러운 바닥에 놓여 있다면 고무 패드를 깔고 그 위에 배변 패드를 깔아 주세요.

🐾 카펫을 치워 주세요

배변 교육을 받지 않은 새끼 강아지들이 카펫 위에 오줌을 누는 모습을 흔히 볼 수 있어요. 배변 교육을 받은 개도 이전에는 없던 카펫이 생기면 그곳에 오줌을 누기도 하지요. 카펫이 폭신폭신해서 그래요. 개들은 본능적으로 폭신폭신한 곳에서 오줌 마려운 느낌을 느끼거든요. 산책할 때 풀밭이나 흙 위에서 오줌을 누는 것도 이런 이유지요.

그러니까 우리 개가 카펫에 자꾸 오줌을 눈다면 카펫을 치우는 게 좋습니다. 그리고 배변 패드를 여러 겹 겹쳐 깔아 폭신폭신하게 만들어 보세요.

배변 교육을 다시 해 주세요

가구를 옮겼거나 집 구조를 바꿨거나 최근에 이사를 했다면, 배변 교육을 다시 하는 게 좋아요. 배변 패드의 위치나 주변 환경이 바뀌어서 개가 혼란스러울 수 있으니까요. 이런 경우가 아니더라도 가끔 배변 교육을 다시 해 주는 게 좋습니다. 개도 배운 걸 까먹을 수 있거든요. 배변 패드에 잘 배변하면 그 즉시 칭찬하면서 간식을 주면 돼요.

배변 패드로 벽을 세워 주세요

수컷 강아지는 태어난 지 7~8개월 정도 지나면 다리를 들고 오줌을 누기 시작합니다. 이때 다리를 들고 싸는 바람에 배변 패드 밖으로 오줌을 싸거나 벽에다 오줌을 싸게 되는데요. 본능적인 행동이기 때문에 고치기가 어려워요. 그러니 이럴 때는 배변 패드를 'ㄴ' 자로 절반쯤 벽에 세워서 깔아 주거나 배변 패드를 아주 넓게 깔아 주세요. 혹은 배변 패드 주변에 울타리를 쳐서 벽을 세운 후 울타리를 배변 패드로 감싸는 것도 한 가지 방법이에요.

15. 강아지가 아프다는 신호: **왜 구석에 숨어 있어?**

답답한 어린이 마음

며칠 동안 내가 감기에 걸려서 또리랑 산책을 나가지 못했는데 그것 때문에 또리가 삐친 것 같아요.

아침마다 현관에서 나를 배웅해 줬는데 오늘은 책상 밑에 숨어서 나오지 않더라고요. 학교 갔다 왔을 때도 내다보지 않았고요. 엄마 말로는 하루 종일 책상 밑에만 숨어 있었대요. 밥도 잘 먹지 않고요.

또리가 하는 짓이 내가 엄마 아빠한테 화났을 때 하는 행동이랑 비슷해서 깜짝 놀랐어요. 나도 화나면 방에서 안 나오고, 밥도 잘 안 먹거든요.

엄마 아빠가 내 마음을 풀어 줬던 것처럼 나도 또리 마음을 풀어 주고 싶었어요. 그래서 산책을 가자고 했더니 또리가 어떻게 했는지 아세요? 고개를 홱 돌려 버렸어요. 내가 심통 부릴 때 엄마 아빠 마음이 어땠을지 이해가 가더라고요.

아무튼 마음이 상해서 또리를 모른 척하고 싶었지만 다시 한번 또리를 달래 보았어요. "형이 감기 걸려서 너랑 산책 못 나간 거야."라고 말하면서 또리를 쓰다듬었지요. 그랬더니 아예 돌아앉아 버리더라고요. "또리야, 형 한 번만 봐줘라." 하면서 또리 등을 톡톡 두드렸더니 웬걸요? 이번에는 또리가 으르렁거리지 뭐예요?

이러는 것 같았어요. 이렇게 뒤끝이 긴 강아지 마음을 어떻게 풀어 줘야 할까요?

알면 보이는 개의 마음

먼저, 개들이 구석에 숨는 이유를 알아볼까요?

첫 번째는 불안해서 숨는 거예요. 보호자에게 혼이 났거나 천둥소리처럼 큰 소리에 놀랐을 때 구석 자리에 숨어서 마음을 달래는 것이지요.

두 번째는 불편해서 숨는 거예요. 목욕이나 미용 등 보호자가 자신이 싫어하는 것을 시키려고 할 때 구석 자리로 도망치는 것이지요.

세 번째는 조용히 쉬려고 숨는 거예요. 너무 피곤해서 혼자 있고 싶을 때, 누구의 방해도 받지 않고 푹 자고 싶을 때 구석 자리에 숨어서 휴식을 취하는 것이지요.

네 번째는 아파서 숨는 거예요. 개들에게는 아픈 것을 숨기려는 습성이 있어요. 약해졌다는 것을 들키지 않으려는 본능이지요. 그래서 많은 개들이 아플 때면 구석 자리를 찾아 숨곤 해요.

또리가 하루 종일 책상 밑에 숨어 있었다고 했지요? 밥도 잘 먹지 않고, 산책도 나가기 싫어하고, 보호자의 손길도 거부하고요. 그렇다면 또리는 아파서 숨은 것 같아요.

이런 뜻으로 고개도 돌리고 몸도 돌린 것이지요. 아파 죽겠는데 보호자가 자꾸 말을 걸고 만지니까 귀찮다는 뜻으로 으르렁거린 것이고요.

또리가 평소와 무엇이 달라졌는지 살펴본 후, 병원에 데려가서 수의사 선생님에게 잘 전달해 주세요. 평소와 달라진 점을 알면 진찰하는 데 큰 도움이 되거든요.

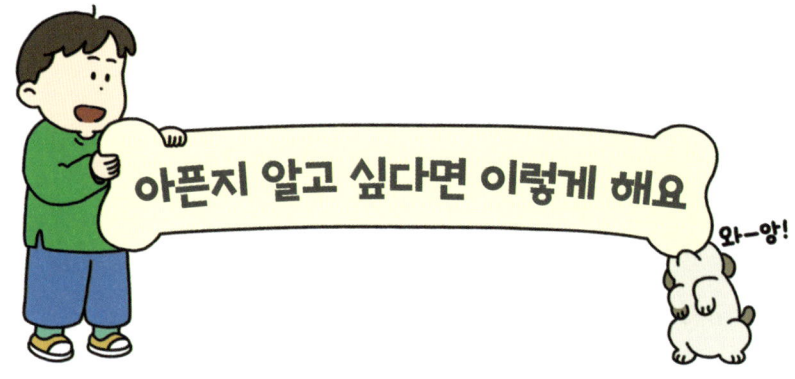

🐾 걷는 모습을 살펴보세요

걷는 모습을 잘 살펴보면 개에게 통증이 있는지 알 수 있습니다. 평소 똑바로 걷던 개가 어느 날부터 삐뚝삐뚝 걷거나, 등을 불룩하게 구부린 채 걷는 등 자연스럽게 걷지 못한다면 다리나 허리에 통증이 있을 수 있어요. 걷다가 갑자기 비명을 지르거나 주저앉아도 통증이 심하다는 뜻이지요.

또한 평소 계단을 잘 오르내리던 개가 계단 앞에서 주저하는 모습을 보인다면 앞다리나 뒷다리에 이상이 생겼다는 신호일 수 있어요. 카펫이나 매트가 깔린 곳으로만 걸어 다니는 것도 같은 신호일 수 있고요. 미끄러운 바닥에서 걷기 힘들어 그러는 것이니까요.

다리나 허리 통증을 그냥 두면 병이 더 커지고 심해지면 걷지 못하게 될 수 있어요. 그러니 개가 위와 같은 모습을 보인다면 곧바로 동물병원으로 데려가세요.

🐾 배변 상태를 확인하세요

안 그러던 개가 갑자기 배변 실수를 한다면 몸이 아파서일 수 있어요. 너무 아파서 화장실까지 못 가는 것이지요. 뇌에 이상이 생겨서 화장실을 구분하지 못하는 것일 수도 있고요.

설사를 자주하는 것도 몸에 이상이 생겼다는 신호입니다. 하루 정도 지나 괜찮아진다면 그저 많이 먹은 것이 원인일 수 있지만 계속해서 설사를 한다면 반드시 병원에 가서 검사를 해야 해요. 특히 똥에 피가 섞여 나온다면 곧장 병원으로 가야 해요.

오줌에 피가 섞여 나오거나 평소와 달리 오줌을 너무 자주 싸거나 오줌 눌 자세를 취하는데도 정작 오줌을 누지 못한다면 신장에 문제가 있을 수 있으니 병원에 데려가세요.

🐾 먹는 양을 확인하세요

평소 밥을 잘 먹던 개가 갑자기 밥을 먹지 않는다면 아프다는 신호입니다. 하루 이틀 그러고 만다면 단순한 밥투정이거나 속이 좋지 않아서일 수 있으나 계속 밥을 먹지 않고, 좋아하는 간식을 줘도 먹지 않고, 게다가 살까지 빠진다면 좋지 않은 신호일 수 있으니 꼭 병원에 데려가 보세요.

🐾 평소와 다른 행동을 하는지 살펴보세요

이외에도 우리 개가 갑자기 평소와 다른 행동을 한다면 유심히 살펴봐야 합니다. 아프다는 신호일 수 있으니까요. 아래 체크 리스트에 하나 이상 해당된다면 병원에 데려가서 몸에 이상이 없는지 확인해 보세요.

☐ 평소보다 너무 많이 잔다.

☐ 평소보다 너무 못 잔다.

☐ 밤낮이 바뀐 듯이 행동한다.

☐ 갑자기 놀지도 않고 이름을 불러도 반응하지 않는다.

☐ 갑자기 산책 나가기 싫어한다.

☐ 평소와 달리 힘이 없어 보인다.

☐ 갑자기 물을 너무 자주 마신다.

☐ 몸을 자꾸 긁는다.

☐ 제자리에서 빙글빙글 돈다.

☐ 평소 보호자의 손길을 좋아하던 개가 갑자기 손길을 피한다.

☐ 늘 보호자 가까이 있던 개가 갑자기 구석 자리에 숨는다.

☐ 보호자가 가까이 가면 다른 곳으로 피한다.

☐ 구토를 계속한다.

☐ 갑자기 사납게 굴고 짖는다.

☐ 갑자기 찡찡대면서 분리 불안을 보인다.

16. 버려진 개: 어떻게 가족을 버릴 수 있나요?

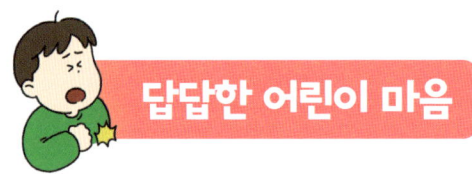
답답한 어린이 마음

또리 사료를 사러 동물병원에 갔다가 불쌍한 개를 보았어요. 누가 동물병원 앞에 버리고 간 것 같다는데, 나이도 많고 아픈 데도 많아서 동물병원에서 치료해 주고 있었어요.

하루아침에 가족에게 버려진 데다 건강까지 좋지 않으니 그 개는 얼마나 몸과 마음이 아플까요? 아니나 다를까 문 쪽을 바라보며 계속 낑낑거리더라고요. 가족을 부르는 것만 같았어요. 집에 가고 싶어 하는 것 같았지요.

그 모습이 너무 안쓰러워서 다정하게 이름을 불러 주고 싶었지만 인식표가 없어서 이름을 알 수 없었어요.

애초에 인식표가 있었다면 보호자가 그 개를 버리지 못했겠죠? 인식표에 보호자 이름이랑 연락처가 다 들어 있을 테니까요.

동물병원에서 그러는데 이런 일이 처음이 아니래요. 아픈 개가 병원 앞에 버려진 일이 몇 번이나 있었다는 거예요!

처음에는 보호자가 찾으러 오기를 기다리며 버려진 개를 돌봤지만 이제는 그렇게 하지 않는대요. 찾으러 오지 않을 것을 아니까요. 지금은 급한 치료만 한 다음에 치료가 끝나면 유기견 보호소로 보낸다고 하더라고요.

집에 돌아와서도 오늘 만난 개가 자꾸 생각났어요. 엄마한테 우리가 입양하면 안 되냐고 물었더니 쉽게 결정할 일이 아니라고 했어요. 또리 생각도 해야 한다고요.

나는 엄마 말에 고개를 끄덕일 수밖에 없었어요. 또리 성격을 잘 아니까요.

우리 가족은 또리 성격까지 신경 쓰는데 그 개의 보호자는 어떻게 그럴 수 있는 거죠? 어떻게 가족을 버려요? 처음부터 가족으로 여기지 않았던 걸까요? 가족으로 생각하지 않을 거면 강아지를 왜 키웠던 걸까요?

 **알면 보이는 개의 마음**

동물병원에서 만난 개는 죽을힘을 다해 이렇게 외치고 있었을 것 같아요.

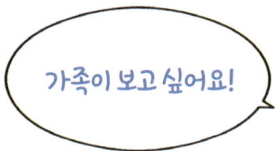 가족이 보고 싶어요!

아무리 몸이 아파도, 가족에게 버려졌어도, 개들은 가족을 그리워한답니다. 그래서 사람이 개에게 주는 사랑은 개가 사람에게 주는 사랑에 비하면 보잘것없다고 하는 거예요.

동물병원에 버려진 개를 입양하고 싶다는 도현이의 마음도 이해가 가고, 또리를 생각하면 입양은 어렵다는 엄마 마음도 이해가 가요. 그 개를 어쩔 수 없이 유기견 보호소로 보내야 하는 동물병원 입장도 이해가 갑니다.

동물병원에서도 달리 방법이 없을 거예요. 유기견 보호소에서조차 수용 공간이 모자라 오랫동안 가족을 찾지 못하는 유기견들을 안락사시키기도 하니까요. 그만큼 유기견이 너무나 많은 거예요.

우리나라 사람들은 반려동물을 정말 좋아합니다. 열 집 중 세 집 정도가 반려동물을 키울 정도지요. 반려동물 중에서도 개가 가장 많고요. 그래서 버려지는 반려동물도 개가 가장 많습니다.

1년에 10만 마리 정도의 유기견이 발생하는데 이 중에는 길을 잃은 개도 있지만 버려지는 개가 훨씬 많아요.

특히 나이가 많거나 병든 개들이 많이 버려지지요. 귀엽고 건강한 개만 원하는 사람들이 그만큼 많다는 뜻이 아닐까요? '반려견'이라는 말이 부끄러울 정도입니다.

'반려견'이란 '사람과 한 가족이 되어 살아가는 개'라는 뜻이에요. 그런데 가족을 버리다니요! 가족의 의미를 모르는 사람들, 생명을 존중할 줄 모르는 사람들이 아닐 수 없습니다.

모든 반려인들이 책임감을 가지고 반려동물을 입양하고 돌보는 날이 오길 소원합니다.

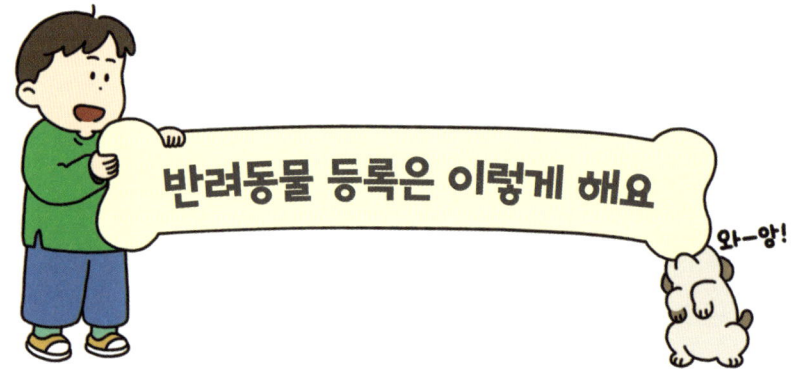

🐾 반려동물 등록은 보호자의 의무!

보호자가 반려동물을 잃어버렸을 때 찾기 쉽도록, 그리고 반려동물을 함부로 버리지 못하도록, 몇 년 전부터 '반려동물 등록제'가 시행되고 있습니다.

반려동물을 키우는 보호자라면 반드시 반려동물 등록을 해야 하지요. 법으로 정한 의무 사항이기 때문에 지키지 않으면 과태료가 부과돼요.

반려동물 등록은 무선 전자 식별 장치를 이용해 반려동물에게 주민 등록증 같은 것을 만들어 주는 거예요. 식별 장치에는 보호자의 이름과 연락처 등의 정보가 들어가지요.

🐾 반려동물 등록 방법

무선 전자 식별 장치에는 두 가지 종류가 있습니다. 하나는 목에 걸고 다닐 수 있는 외장형이고, 하나는 몸속에 넣는 내장형입니다.

내장형은 몸속에 쌀알 크기의 칩을 심는 것인데요. 외장형에 비해 분실 위험이 없다는 장점이 있지요.

내장형이 반려동물에게 위험하다는 오해가 있지만 전혀 그렇지 않다는 것이 수의사들의 설명입니다. 이미 세계 여러 나라에서 안전성이 입증되었으니 걱정하지 않아도 될 것 같아요.

반려동물 등록을 하는 가장 간편한 방법은 가까운 동물병원을 이용하는 거예요. 혹시 내장형이 꺼려진다면 동물병원에서 자세한 설명을 들어 보길 추천합니다.

🐾 반려동물은 평생 함께할 가족

코로나 19가 한창 유행하던 시기에 반려견을 입양하는 사람들이 늘었다고 해요. 집에만 있다 보니 심심하고 답답해서 반려견을 키우고 싶어진 것이지요.

그런데 코로나 19가 잠잠해지자 사람들은 다시 바깥 활동이 많아졌어요. 그와 동시에 반려견과 함께하는 시간이 확 줄어들었지요.

그래서 반려견들도 힘들어지고, 그런 반려견을 바라보는 보호자들의 마음도 무거워졌습니다. 뒤늦게 이런 생각을 하게 된 사람들도 많지요.

'아, 개 키우는 일이 보통 일이 아니구나.'

'개를 집에 혼자 두고 나가는 일이 이렇게 힘들 줄 몰랐네…….'

그중에는 반려견 입양을 후회한 사람들도 있을 거예요. 반려견이 싫어서가 아니라 생각보다 번거로운 일이 많고 개를 돌볼 시간이 부족해서 말이에요.

그렇습니다. 개든 고양이든 반려동물을 키우려면 사랑하는 마음만으로 충분하지 않아요. 생명을 돌보는 일에는 시간과 노력이 필요하지요.

그렇기 때문에 깊은 고민 없이 반려동물을 입양하면 힘에 부치기 쉬워요. 너무 힘든 나머지 반려동물을 미워하게 되는 경우도 있지요. 반려동물에게는 아무런 잘못도 없는데 말이에요. 잘못이라면 쉽게 입양을 결정한 보호자에게 있을 것입니다. 단지 외롭고 심심하다는 이유로, 혹은 귀엽다는 이유만으로 반려동물을 입양하지 마세요. 반려동물은 사람을 즐겁게 해 주는 장난감이 아니니까요.

아무리 앙증맞은 반려동물도 언젠가는 늙고 병든다는 점, 우리 가족과 성격이 맞지 않을 수도 있다는 점 등을 충분히 고민해야 합니다. 어떤 어려움이 닥치더라도 끝까지 책임진다는 각오를 가지고, 가족 구성원 모두가 동의했을 때 반려동물을 입양해야 합니다.

'애교 많은 애완동물'이 아니라 '평생 함께할 가족'을 만나는 일이니까요!